俄罗斯滨海边疆区
渤海文物集粹

吉林省文物考古研究所
俄罗斯科学院远东分院远东民族历史·考古·民族研究所
编 著

主 编　宋玉彬　А.Л.伊夫里耶夫　Е.И.格尔曼
副主编　解 峰　Ю.Г.尼基京　Е.В.阿斯塔申科娃

文物出版社

封面设计　周小玮

责任印制　张道奇

责任编辑　张广然　贾东营

图书在版编目（CIP）数据

俄罗斯滨海边疆区渤海文物集粹：汉俄对照 / 吉
林省文物考古研究所、俄罗斯科学院远东分院远东民
族历史·考古·民族研究所编著. —— 北京：文物出版
社, 2013.3

　　ISBN 978-7-5010-3683-7

　　Ⅰ. ①俄… Ⅱ. ①吉… Ⅲ. ①渤海国—文物—俄罗
斯—汉、俄 Ⅳ. ①K289②K885.12

　　中国版本图书馆CIP数据核字(2013)第013126号

俄罗斯滨海边疆区渤海文物集粹

编　　著　吉林省文物考古研究所
　　　　　俄罗斯科学院远东分院远东民族历史·考古·民族研究所
出版发行　文物出版社
社　　址　北京东直门内北小街2号楼
邮政编码　100007
网　　址　http://www. wenwu. com
邮　　箱　web@ wenwu. com
印　　制　北京图文天地制版印刷有限公司
经　　销　新华书店
开　　本　889×1194毫米　1/16
印　　张　19.25
版　　次　2013年3月第1版
印　　次　2013年3月第1次印刷
书　　号　ISBN 978-7-5010-3683-7
定　　价　320.00元

Институт истории, археологии и этнографии
народов Дальнего Востока ДВО РАН
Институт археологии провинции Цзилинь

БОХАЙСКИЕ ДРЕВНОСТИ ИЗ ПРИМОРСКОГО КРАЯ РОССИИ

Главные редакторы-составители Сун Юйбинь, А.Л.Ивлиев, Е.И. Гельман
Составители Се Фэн, Ю.Г.Никитин, Е.В.Асташенкова

Пекин
Издательство «Вэньу»
2013

序 [一]

1993年，吉林省文物考古研究所所长方起东先生与俄罗斯科学院远东分院远东民族历史·考古·民族研究所所长В.Л.拉林先生共同签署了两所间的所际交流协议，正式开启了双方学术联系之门。19年来，双方的交往不仅带动并促进了彼此的学术进步，而且惠及到我国学术界。根据交流获取的学术资料，我所翻译出版了《渤海国及其俄罗斯远东部落》、《19~20世纪俄罗斯远东南部地区考古学》，利用《历史与考古信息·东北亚》介绍了滨海边疆区的诸多学术成果，这些译著成为我国学术界了解俄罗斯远东地区考古学动态的信息窗口。2011年，由我所青年学者梁会丽、解峰带队实施的渤海国盐州故址——克拉斯基诺城址考古钻探，是双方合作开展考古学研究的初步尝试。此次合作，是"中国式"的钻探技术在俄罗斯考古工地的首次利用。俄罗斯学者不但了解了"洛阳铲"的神奇魅力，而且拓展了有关克拉斯基诺城址及其周边地区考古遗存埋藏情况的学术认识。现在，即将出版的《俄罗斯滨海边疆区渤海文物集粹》、《俄罗斯滨海边疆区女真文物集粹》，则是双方开展实质性合作的进一步体现。

按照现今的国土疆域划分，东北亚地区的古代文化研究具有诸多国际性学术课题的客观属性，这种属性要求研究者应该具有国际化的信息掌控能力。然而，由于获取资料途径以及阅读能力的限制，各国学者所开展的专题性学术研究，均存在一定程度的信息缺失，这种不足影响了学术认识的深度与广度。

在滨海边疆区境内，经过几代俄罗斯学者的不懈努力，已经辨识出大量的渤海、女真遗存。考古学研究成果表明，该区域的渤海、女真遗存，文化内涵单纯、土著特征鲜明。就拓展学术视野而言，它们是渤海、女真研究不可替代的基础性信息资料；就开展学术阐释而言，它们是渤海、女真研究不可或缺的地域性组成部分。

出版《俄罗斯滨海边疆区渤海文物集粹》、《俄罗斯滨海边疆区女真文物集粹》，旨在引导国内学术界以便捷的方式了解滨海边疆区渤海、女真遗存的标识性文化特征。为此，我于2010年分别向А.Л.伊夫里耶夫先生、Н.Г.阿尔杰米耶娃女士提出了合作出版图录的学术建议，令我倍感欣慰的是，两位学者不但爽快地接受了我的建议，而且在较短的时间内积极提供了大量的文物备选图片，从而保证了出版工作的顺利展开。两位学者分别是俄罗斯渤海、女真考古学文化研究的学术带头人，其所提供的资料基本上囊括了滨海边疆区渤海文化、女真文化的代表性文物。因此，两部著作冠名以"集粹"，应该是名副其实。

毋庸讳言，呈现给学术界的两本图录，其信息含量仅仅体现了滨海边疆区境内渤海、女真遗存文化面貌之冰山一角。作为学术倡议，国内从事东北亚地区考古学文化研究的学者，尤其是青年学者，最好自身通晓外语，以便于真切感知国外相关研究领域具体遗存的文化内涵。纵观东北亚学术界，我们的语言素质已经落后于韩国、日本、俄罗斯学者，这是一个必须面对并应加以改变的客观事实。

我与А.Л.伊夫里耶夫先生、Н.Г.阿尔杰米耶娃女士，既是两所19年交往历程的具体见证人，也是联系密切、相互提携的学术挚友。在此，真诚感谢两位朋友的通力合作。

本书得以付梓，图版编排、文字说明、俄文翻译等具体事项均由解峰先生完成。

感谢俄罗斯滨海边疆区阿尔谢尼耶夫方志博物馆、俄罗斯远东联邦大学所提供的图片帮助。

最后，作为所际学术合作项目，感谢В.Л.拉林所长的鼎力支持。借此机会，衷心祝愿我们两所间的交流得以传承、得以发展。

吉林省文物考古研究所所长 宋玉彬

ПРЕДИСЛОВИЕ I

В 1993 году директор Института археологии провинции Цзилинь г-н Фан Цидун с директором Института истории, археологии и этнографии народов Дальнего Востока ДВО РАН г-ном В.Л.Лариным подписали договор о научном обмене между институтами, официально открыв дверь к научным связям между сторонами. На протяжении 19 лет обмен между сторонами не только способствовал взаимному научному прогрессу, но и оказал благодеяние для научных кругов Китая. На основании полученных в процессе обмена научных материалов наш Институт перевел и опубликовал книги «Государство Бохай и племена Дальнего Востока России» и «Археология юга Дальнего Востока России в XIX – XX вв.: биобиблиографический указатель», а также через журнал «Известия по истории и археологии – Северо-Восточная Азия» знакомил со многими научными результатами исследований в Приморском крае; эти переводы стали информационным окном для понимания археологии на Дальнем Востоке России научными кругами Китая. В 2011 году проведенное возглавляемой молодыми исследователями нашего Института Лян Хуйли и Се Фэном группой археологическое разведочное бурение остатков бохайского города Яньчжоу – Краскинского городища стало первой попыткой развертывания сторонами совместных археологических исследований. В этот раз впервые на археологическом раскопе в России была применена техника разведочного бурения «лопатой китайского типа». Российские ученые не только поняли чудесные способности «лоянской лопаты», но и получили научную информацию о залегании археологических материалов на Краскинском городище и вокруг него. Нынешняя публикация «Бохайских древностей из Приморского края России» и «Древностей чжурчжэней из Приморского края России» является дальнейшим воплощением развертывания практического сотрудничества между сторонами.

В соответствии с современными государственными границами изучение древних культур Северо-Восточной Азии объективно относится к научной тематике, обладающей международным характером, это требует от исследователя способности владеть информацией, носящей международный характер. Однако, вследствие ограниченности доступа к материалам и способности их прочесть, в научных исследованиях по специальным темам, проводимых учеными каждой из стран, присутствует определенная степень недостатка информации и этот недостаток влияет на глубину и широту научных познаний.

В результате неустанно прилагаемых усилий нескольких поколений российских археологов в Приморском крае обнаружено большое количество памятников Бохая и чжурчжэней. Результаты археологических исследований свидетельствуют о том, что бохайские и чжурчжэньские древности этой территории обладают чистотой культурного содержания и ясно выраженными локальными особенностями. С точки зрения расширения научного кругозора они являются незаменимыми при изучении Бохая и чжурчжэней научными материалами фундаментального характера; с точки зрения развития научной интерпретации они являются неотъемлемой региональной составной частью в изучении Бохая и чжурчжэней.

Издание «Бохайских древностей из Приморского края России» и «Древностей чжурчжэней из Приморского края России» направлено на то, чтобы научные круги Китая в удобной форме могли уяснить отличительные культурные особенности памятников Бохая и чжурчжэней Приморского края. Для этого в 2010 году я выступил с научными предложениями г-ну А.Л.Ивлиеву и г-же Н.Г.Артемьевой о совместном издании иллюстрированных альбомов. Меня очень обрадовало и удовлетворило то, что эти ученые не только с радостью приняли моё предложение, но и в довольно короткий срок активно предоставили отобранные из имеющихся у них изображения древностей, таким образом, обеспечив успешное развертывание работы по подготовке публикации. Оба этих исследователя являются лидерами в изучении археологических культур Бохая и чжурчжэней в России, предоставленные ими материалы охватывают основные древности, дающие представление о культурах Бохая и чжурчжэней в Приморском крае. Поэтому обе книги в китайском варианте озаглавлены как «цзицуй» - «собрание самого отборного [из древностей]», так как имя должно соответствовать содержанию.

Незачем скрывать, представляемые сейчас научным кругам эти две книги своим содержанием в отношении представления облика культур Бохая и чжурчжэней являют только вершину айсберга. Китайским учёным, изучающим археологические культуры Северо-Восточной Азии, особенно молодым учёным, лучше всего самостоятельно осваивать иностранные языки для получения отчётливого восприятия облика культуры конкретных зарубежных памятников, связанных с областью исследований. Сравнение с научными кругами других стран Северо-Восточной Азии показывает, что наша языковая подготовка отстаёт от подготовки учёных Республики Корея, Японии и России. Это объективный факт, требующий внимания и исправления.

Г-н А.Л.Ивлиев и г-жа Н.Г.Артемьева являются конкретными очевидцами истории девятнадцати лет

обмена между нашими институтами, для меня они также являются друзьями, с которыми поддерживаем тесные отношения и оказываем взаимную научную помощь. Искренне благодарю этих друзей за сотрудничество.

Работы по подготовке к публикации этой книги: компоновка и очередность таблиц иллюстраций, подписи к рисункам, перевод текстов с русского языка - выполнены г-ном Се Фэном.

Благодарим Приморский объединённый краеведческий музей им. В.К.Арсеньева и Музей Дальневосточного федерального университета за помощь в получении иллюстраций.

И, наконец, благодарю директора института В.Л.Ларина за мощную поддержку программы научного сотрудничества наших институтов. Пользуясь случаем, от всего сердца желаю, чтобы обмен между нашими институтами продолжался и развивался.

宋玉彬

Директор Института археологии провинции Цзилинь

PREFACE I

In 1993 Director of the Institute of Cultural Relics and Archaeology of Jilin Province Mr. Fang Qidong together with Director of the Institute of History, Archaeology and Ethnography of Peoples of the Far East FEB RAS Mr. V.L.Larin have signed the agreement about scientific exchange between the Institutes, thus having officially opened a door to scientific ties between the sides. For 19 years the exchange between the sides not only favored mutual scientific progress, but it also was a benefactor to scientific community of China. Basing on scientific materials obtained in the process of exchange our Institute has translated and published books: "Bohai state and tribes of the Russian Far East" and "Archaeology of the South part of Russian Far East in XIX-XX cc.: bibliography and biographical dictionary", and also familiarized with many scientific results of researches in Primorye Territory through the journal "News of History and Archaeology – North-East Asia"; these translations became an informational window for understanding of the archaeology of Russian Far East by Chinese scientific community. In 2011 a boring reconnaissance of remains of Bohai Yanzhou – Kraskinskoye ancient town carried out by the group headed by young researchers of our Institute Liang Huili and Xie Feng had become the first attempt to start up joint archaeological research by the sides. For the first time a technique of exploratory boring with "Chinese type spade" was used in the archaeological site in Russia. Russian scholars not only realized wonderful abilities of "Loyang spade", but also got scientific information about position of archaeological objects in Kraskinskoye ancient town and around it. Present publication of "Bohai relics from Primorye Territory of Russia" and "Jurchen relics from Primorye Territory of Russia" is further realization of the development of practical cooperation between the sides.

According to modern state boundaries study of ancient cultures of North-East Asia objectively belongs to scientific subject matters with international nature; it requires from the researcher to be able to use information of international character. However, because of limited both access to materials and ability to read them there is some degree of lack of information in scientific researches on special themes made by scholars of each

country, this lack of information impacts the depth and width of scientific knowledge.

As a result of indefatigable efforts of several generations of Russian archaeologists a big number of sites of Bohai and Jurchen have been found in Primorye Territory. Archaeological researches demonstrate that relics of Bohai and Jurchen of this territory posses purity of cultural content and distinct local features. Judging from the point of broadening of scientific outlook they are indispensable basic materials in research of Bohai and Jurchen; judging from the point of development of scientific interpretation they are integral regional part of the study of Bohai and Jurchen.

Publication of "Bohai relics from Primorye Territory of Russia" and "Jurchen relics from Primorye Territory of Russia" is aimed to give scientific community of China ability to understand in easy-to-use form distinctive features of Bohai and Jurchen sites of Primorye Territory. Thereto in 2010 I made scientific proposals to Mr.A.L.Ivliev and Mrs.N.G.Artemyeva to make joint publication of illustrated albums. The fact that those scholars not only gladly accepted my proposal, but in a rather short time had offered to me pictures of relics selected from the repository of their institute, thus ensuring successful start of the preparation of the publication, made me glad and satisfied. These scholars both are leaders in research of Bohai and Jurchen cultures in Russia, the materials they have offered include main relics that give notion about cultures of Bohai and Jurchen in Primorye Territory. That's why both books in Chinese are named jicui – "collection of choice [relics]", as the name should correspond to the content.

There is no need to hide that content of these two books presented to Chinese scientific community now in respect of presentation of the image of cultures of Bohai and Jurchen is only top of the iceberg. As a scientific initiation, the best way for Chinese scholars who study archaeological cultures of North-East Asia, especially for young scholars, is to master foreign languages themselves for getting distinct perception of the image of culture of the concrete foreign sites related to the field of research. Comparison with scientific communities of other countries of

俄罗斯滨海边疆区渤海文物集粹

North-East Asia shows that our language grounding drops behind the one of scholars of Republic of Korea, Japan and Russia. It is an objective fact that demands attention and correction.

Mr. A.L.Ivliev and Mrs. N.G.Artemyeva are specific eyewitnesses of the history of 19 years of exchange between our institutes, for me they also are friends: we keep close relations and mutually help each other in scientific research. I sincerely thank these friends for cooperation.

All works of preparation of this book for publishing: arranging and ordering of tables of illustrations, captions for photos, translation of the Russian texts – are done by Mr. Xie Feng.

I express our gratitude to the Arseniev State Museum of Primorsky Region and Museum of Far East Federal University for the assistance in obtaining photos of relics.

And, finally, I thank Director V.L.Larin for strong support of the program of scientific cooperation between our institutes.

I use the opportunity to wish from the bottom of my heart the exchange between our institutes to continue and to develop successfully.

宋玉彬

Director of the Institute of Cultural Relics and Archaeology of Jilin Province

本书体现的是俄罗斯科学院远东分院远东民族历史·考古·民族研究所与中国吉林省文物考古研究所的科研合作成果。根据协议，两所的合作开始于1993年，目前已进入第二个十年。从最初的学术互访、交流学术著述，已经发展为近年来联合开展俄罗斯滨海地区克拉斯基诺城址考古勘探以及共同出版滨海地区中世纪时期的考古学材料。

俄罗斯滨海地区渤海遗存研究已持续了近一个半世纪。自19世纪60年代至20世纪30年代，И.А.洛巴京、帕拉季·卡法罗夫、Ф.Ф.布谢、А.З.费多罗夫、В.К.阿尔谢尼耶夫对考古学遗存开展了调查，其中包括一些渤海遗存。

不过，滨海地区渤海遗存令人信服的确认，缘于1939年日本发表的东京城－渤海上京研究所获得的信息。20世纪50年代后半期至60年代初，Э.В.沙弗库诺夫辨识并考察了滨海地区的第一批渤海遗存，其中包括乌苏里斯克地区的杏山寺庙址、马蹄山寺庙址和哈桑地区的克拉斯基诺城址。20世纪70～80年代，在В.И.博尔金、Л.Е.谢梅尼琴科主持下，远东民族历史·考古·民族研究所中世纪研究室的科研人员对新戈尔杰耶夫斯科耶1号城址、新戈尔杰耶夫斯科耶村落址、尼古拉耶夫斯科耶1号城址、尼古拉耶夫斯科耶2号城址、斯塔罗列切斯科耶城址、马里亚诺夫斯科耶城址、康斯坦丁诺夫卡1号村落址等

渤海遗存进行了发掘。1980年至今，对克拉斯基诺城址进行了发掘，该城址临近珲春八连城城址，即东京龙原府故址，是滨海地区唯一一座保存了渤海国名称"盐州"的城址。八连城城址拥有典型的渤海考古学资料，与之比较可以辨识遗存是否属于渤海时期。在克拉斯基诺城址清理出一些处于不同建筑平面的遗迹，其中包括房址、窑址、水井、道路以及佛寺建筑基址。同时，20世纪70年代初，В.Е.麦德维杰夫清理了乌苏里斯克地区鲍里索夫卡渤海寺庙址。1993年，该区域清理了科尔萨科沃寺庙址。2010～2012年，哈桑地区清理了巴拉巴什3号遗址中的寺庙遗迹，在滨海地区，现已清理了6座渤海时期寺庙建筑。20世纪90年代，Ю.Г.尼基京发现并考察了日本海沿岸拉佐地区的格拉佐夫卡墓地、拉兹多利那亚河谷地的契尔良基诺5号墓地。2003～2008年，契尔良基诺5号墓地成为俄韩联合考察队的多年考察项目。该墓地所发掘的200余座墓葬，具有不同的墓葬形制，其中即包括6～7世纪的靺鞨墓葬，也包括渤海墓葬。在Е.И.格尔曼主持下，我所考古队对米哈伊洛夫卡地区的戈尔巴特卡城址进行了发掘，在不同建筑平面发现了一些房址。自2008年起，在Н.А.克柳耶夫主持下，俄韩联合考察团对丘谷耶夫斯克地区的科克沙罗夫卡1号城址进行了发掘。通过考古发掘，揭露了7座排成一排的带有火炕的大型建筑综合体，该综合

俄罗斯滨海边疆区渤海文物集粹

体被初步断代为公元10世纪。滨海边疆区存在与平原城同期的渤海时期的山城，20世纪90年代，在В.И.博尔金领导下，俄日联合考古队对拉兹多利那亚河谷地的锡涅利尼科沃1号山城进行了发掘，清理出靺鞨、渤海时期的文化层，并发现了与克拉斯基诺城址、戈尔巴特卡城址相类似的石质城墙结构。在阿尔谢尼耶夫卡河谷地多层的新戈尔杰耶夫斯科耶山城，也发现了渤海时期地层。

迄今为止，在滨海地区共发现了近250处渤海国及渤海时期遗存，其中包括城址、居住址、墓葬、寺庙、道路和洞穴。不过，关于这些遗址的渤海属性至今尚存疑问。其中，仅180处遗迹可以确认为渤海国遗存。而那些位于滨海边疆区东部、东北部和北部的遗存，具有诸多公元9～13世纪波克罗夫卡文化的特征（阿穆尔河女真文化），该文化主要分布于阿穆尔河谷地。多半，

这些遗存与居住在渤海国边缘地区的、在不同时间、不同程度上从属于渤海国的居民有关。因此，本书的内容不仅包括渤海国遗存，还包括渤海时期遗存。

开展滨海边疆区渤海国遗存研究，不能不考虑中国境内的渤海国考古学材料。与之相应，如果不了解俄罗斯滨海地区材料，中国的研究亦将不全面。只有通过两国学者的共同努力，才能运用考古学材料在渤海国经济、文化以及渤海国与其北部、东北部相邻民族相互关系的研究方面取得最佳成果。本书即为此种合作的初期成果之一，希望它对发展我们两国人民的友谊与理解作出自己的贡献。

俄罗斯科学院远东分院远东民族历史·考古·民族研究所副所长

* * *

本书中的材料，除了俄罗斯科学院远东分院远东民族历史·考古·民族研究所藏品外，还包括滨海边疆区В.К.阿尔谢尼耶夫方志博物馆和远东联邦大学博物馆的藏品。我们对上述提供材料的机构致以深深地谢意。

发掘所获材料由Ж.В.安德烈耶娃、В.И.博尔金、Е.И.格尔曼、Н.А.克柳耶夫、Ю.Г.尼基京、Л.Е.谢梅尼琴科、Э.В.沙弗库诺夫提供。

参与本书出版工作的还包括俄罗斯科学院远东分院远东民族历史·考古·民族研究所的工作人员：В.И.博尔金、И.В.库祖诺夫、С.С.马尔科夫、Я.Е.比斯卡列娃。

照相：А.Л.伊夫里耶夫、Л.А.卡拉卡、小岛芳孝、Ю.Г.尼基京。

ПРЕДИСЛОВИЕ II

Данная книга является результатом научного сотрудничества между Институтом истории, археологии и этнографии народов Дальнего Востока ДВО РАН и Институтом археологии провинции Цзилинь КНР. Начавшись в 1993 году, это сотрудничество развивается на договорной основе уже второй десяток лет. От обмена делегациями и научной литературой в последние годы наши институты перешли к совместным археологическим исследованиям на Краскинском городище в Приморском крае России и к подготовке публикации археологических материалов эпохи средневековья из Приморья.

Исследование бохайских памятников в Приморском крае России насчитывает уже около полутора веков. И.А.Лопатин, Палладий Кафаров, Ф.Ф.Буссе, А.З.Федоров, В.К.Арсеньев начиная с 60-х гг. XIX в. и до 30-х гг. XX в. обследовали археологические памятники, среди которых были и относящиеся к Бохаю. Однако, достоверная идентификация бохайских памятников в Приморье стала возможной с получением информации об исследованиях Верхней столицы Бохая в Дунцзинчэне, опубликованных в Японии в 1939 году. Первые бохайские памятники в Приморье были выявлены и обследованы Э.В.Шавкуновым во второй половине 1950-х – начале 1960-х годов. Это были Абрикосовский и Копытинский буддийские храмы в Уссурийском районе, Краскинское городище в Хасанском районе. В 1970-х – 1980-х годах раскопки бохайских памятников – Новогордеевского городища, Новогордеевского селища, городищ Николаевское-1 и Николаевское-2, Стореченское, Марьяновское, селища Константиновское-1 – вели В.И.Болдин и Л.Е.Семениченко, сотрудники Сектора археологии средневековых государств Института истории, археологии и этнографии народов Дальнего Востока. Начиная с 1980 года по настоящее время ведутся раскопки Краскинского городища - единственного в Приморье городища, у которого сохранилось древнее бохайское название – Яньчжоу. Находившийся неподалеку от Восточной столицы Бохая Лунъюаньфу – городища Баляньчэн близ Хуньчуня – этот город содержит археологические материалы, типичные для Бохая, сравнение с которыми позволяет судить об отнесении к Бохаю того или иного памятника. На городище обнаружены несколько строительных горизонтов с жилищами, остатками печей для обжига черепицы, колодец, остатки дорог и основание здания буддийского храма. Вместе с раскопанным в начале 1970-х годов В.Е.Медведевым Борисовским храмом в Уссурийском районе, обнаруженным там же в 1993 г. Корсаковским храмом и остатками кумирни на памятнике Барабаш-3 в Хасанском районе (2010 – 2011) всего в Приморье известно 6 бохайских буддийских культовых сооружений. В 1990-е годы Ю.Г.Никитиным были обнаружены и обследовались могильники – Глазковский на берегу Японского моря в Лазовском районе и Чернятино-5 в долине реки Раздольная. Последний стал объектом многолетних исследований Российско-Южнокорейской экспедиции в 2003 – 2008 гг. Среди свыше 200 раскопанных на могильнике погребений есть могилы разных типов, относящиеся как к мохэ VI – VII вв., так и к Бохаю. Отрядом Института во главе с Е.И.Гельман проводились раскопки городища Горбатка в Михайловском районе. Была обнаружена серия жилищ на разных строительных горизонтах. С 2008 года ведутся раскопки городища Кокшаровка-1 в Чугуевском районе Российско-южнокорейской экспедицией института под руководством Н.А.Клюева. Здесь раскопками вскрыт комплекс из расположенных в ряд семи крупных

俄罗斯滨海边疆区渤海文物集粹

строений с канами. Предварительно сооружение датируется X веком. Наряду с равнинными в Приморском крае есть и горные городища, относящиеся к Бохаю. В 1990-е годы Российско-японской экспедицией института под руководством В.И.Болдина велись раскопки горного городища Синельниково-1 в долине р.Раздольная. Обнаружены мохэский и бохайский слои, выявлена каменная конструкция вала, имеющая сходство с валами Краскинского и Горбаткинского городищ. Бохайский слой обнаружен и на многослойном Новогордеевском горном городище в долине р. Арсеньевка.

Всего к настоящему времени в Приморье обнаружено около 250 памятников Бохая и бохайского времени. Среди них есть городища, поселения, могильники, храмы, дороги и пещеры. Тем не менее, до сих пор сохраняется проблема принадлежности этих памятников Бохаю. Только 180 из них определены как несомненно бохайские памятники. Памятники, расположенные на востоке, северо-востоке и севере Приморского края, имеют многие черты покровской культуры IX – XIII вв. (культуры амурских чжурчжэней), распространенной преимущественно в долине Амура, и, скорее всего, связаны с народами, обитавшими на периферии государства Бохай, бывшими в разное время в разной степени зависимости от него. Поэтому часть памятников в данной книге обозначены не как бохайские, а как памятники бохайского времени.

Изучение бохайских памятников в Приморском крае невозможно без учета археологических материалов этого государства, имеющихся в Китае. Соответственно и в Китае картина не будет полной без материалов из российского Приморья. Только совместными усилиями ученые двух стран смогут добиться наилучших результатов в изучении хозяйства и культуры Бохая по данным археологии, взаимоотношений этого государства с окружавшими его на севере и северо-востоке народами. Одним из первых результатов такого сотрудничества является данная книга. Надеюсь, что она внесет свой вклад в развитие дружбы и взаимопонимания между народами наших стран.

Заместитель директора Института истории, археологии и этнографии народов Дальнего Востока ДВО РАН

* * *

В книге кроме материалов из фондов Института истории, археологии и этнографии народов Дальнего Востока ДВО РАН использованы коллекции, хранящиеся в Приморском объединённом краеведческом музее им. В.К.Арсеньева и в Музее Дальневосточного федерального университета. Выражаем глубокую благодарность этим учреждениям за предоставленные материалы.

Представлены материалы раскопок Андреевой Ж.В., Болдина В.И., Гельман Е.И., Клюева Н.А., Никитина Ю.Г., Семениченко Л.Е., Шавкунова Э.В.

В отборе и подготовке к публикации материалов также участвовали сотрудники Института: Болдин В.И., Колзунов И.В., И.И. Малков, Пискарева Я.Е.

Фотографии: А.Л.Ивлиев, Л.А.Карака, Ё. Кодзима, Ю.Г.Никитин.

PREFACE II

This book is a result of scientific cooperation of the Institute of History, Archaeology and Ethnography of Peoples of the Far East of Far Eastern Branch of Russian Academy of Sciences and Institute of Archaeology of Jilin Province of PRC. Started in 1993 this cooperation is developing on base of agreements for the second decade already. Recent years our institutes from exchange of delegations and scientific literature have passed to joint archaeological researches of Kraskinskoye ancient town in Primorye Territory of Russia and to making publication of archaeological materials of medieval epoch from Primorye.

A research of Bohai sites in Primorye Territory already has about one and a half centuries history. Starting from 60s of XIX century and till 30s of XX c. I.A.Lopatin, Palladiy Kafarov, F.F.Busse, A.Z.Fyodorov, V.K.Arsenyev investigated archaeological sites some of which belonged to Bohai. However, reliable identification of Bohai sites in Primorye became possible with obtaining of information about researches of Supreme Capital of Bohai in Dongjingcheng published in Japan in 1939. First Bohai sites in Primorye were found and surveyed by E.V.Shavkunov in second half of 1950s – beginning of 1960s. These sites were: Abrikosovskiy and Kopytinskiy Buddhist shrines in Ussuriiskiy district, Kraskinskoye ancient town in Khasanskiy district. In 1970s – 1980s research fellows of our Institute V.I.Boldin and L.E.Semenichenko made excavation of Bohai sites: Novogordevevskoye ancient town, Novogordeyevskoye settlement, Nikolayevskoye-1, Nikolayevskoye-2, Starorechenskoye, Maryanovskoye ancient towns, Konstantinovskoye-1 settlement. Since 1980 till now excavations of Kraskinskoye ancient town are conducted. Kraskinskoye is the only ancient town in Primorye Bohai name which – Yanzhou – has preserved. Situated not far away from Bohai East Capital Longyuanfu

(Baliancheng ancient town near Hunchun city) this site has archaeological materials typical for Bohai. Comparison with them allows to decide about attribution to Bohai of other sites of Primorye. Several construction horizons with dwellings, remains of tile kilns, a well, and traces of roads and basement of Buddhist temple were found in the ancient town. Together with Borisovskiy shrine unearthed by V.E.Medvedev in 1972 and Korsakovskiy shrine excavated by E.V.Shavkunov in 1993 in Ussuriiskiy district and also with remains of the shrine in Barabash-3 site in Khasanskiy district (2010 – 2011) totally there are six Buddhist cultic constructions known in Primorye by now. In 1990s Yu.G.Nikitin had found and surveyed burial grounds: Glazkovskiy on Japan sea shore in Lazovskiy district and Cherniatino-5 in the valley of Razdolnaya (Suifenhe) river. The latter became an object of long term researches of Russian-South Korean expedition in 2003 – 2008. There are graves of different types both of Mohe of VI – VII cc. and of Bohai among more than 200 graves unearthed in the burial ground. Excavation of Gorbatka ancient town in Mikhailovskiy district was made by the our Institute's team headed by E.I.Gelman. Several dwellings in different construction horizons have been found there. Since 2008 excavation of Koksharovka-1 ancient town in Chuguevskiy district are made by Russian-South Korean expedition leaded by N.A.Kliuyev. A complex of a line of seven big constructions with kang heating system has been unearted here. Preliminary it is dated by X century. Along with plain towns there are also mountain fortresses of Bohai in Primorye Territory. In 1990s Russian-Japanese expedition of our Institute headed by V.I.Boldin made excavation of Sinelnikovo-1 mountain fortress in the valley of Razdolnaya River. Mohe culture and Bohai layers were found also a stone construction of the fortress wall similar with walls of Kraskinsoye and Gorbatka ancient towns was revealed there. Bohai layer also was found in multilayered Novogorgeyevskoye mountain town in the valley of Arsenyevka River.

Totally about 250 sites of Bohai and Bohai time have been found in Primorye by now. There are ancient towns, settlements, burial grounds, shrines, roads and grottoes among them. However, the problem of attribution of these sites to Bohai state still remains. Only 180 of them are identified as undoubtedly Bohai sites. Sites situated in the east, north-east and north of Primorye Territory have many features of Pokrovskaya culture (other name "Culture of Amur Jurchen") of IX – XIII cc. mainly distributed in the valley of Amur River and most possibly associated with peoples inhabited a periphery of Bohai state. These peoples were in different degree of dependence from Bohai state in different times. That is why some sites in this book are designated not as Bohai sites, but as sites of Bohai time.

Researching of Bohai sites in Primorye Territory is impossible without taking into account of archaeological sites of this state situated in China. Correspondingly, in China a picture will not be complete without materials from Russian Primorye. Only by joint efforts scholars of the two countries can get best results in study of economy and culture of Bohai, of relations of this state with peoples surrounded it in the north and north-east by archaeological data. This book is one of the first results of such cooperation. I hope that it will make its contribution to development of friendship and mutual understanding between peoples of our countries.

Deputy Director
Of the Institute of History, Archaeology and Ethnography of Peoples of the Far East, FEB RAS

* * *

Besides materials from the Institute of History, Archaeology and Ethnography of the Peoples of the Far East also collections stored in the Arsenyev Primorye Territory United Museum of Regional Studies and in the Museum of Far Eastern Federal University are used in this book. We express our gratitude to these museums.
The materials presented in this book were collected by Z.V.Andreyeva , V.I.Boldin, N.A.Kliuyev, Yu.G.Nikitin, L.E.Semenichenko, E.V.Shavkunov.
Following research workers of the Institute of History, Archaeology and Ethnography of Peoples of the Far East also participated in selection and preparation of the artifacts for the publication V.I.Boldin, I.V.Kolzunov, S.S.Malkov, Ya.E.Piskaryova.
Photographs by A.L.Ivliev, L.A.Karaka, Yoshitaka Kojima, Yu.G.Nikitin.

目　录

三、寺庙址

1. 杏山寺庙址

2. 科尔萨科沃寺庙址

3. 马蹄山寺庙址

四、城址

第二部分　渤海时期遗存

一、村落址

二、墓地

三、城址

Содержание

III. Храмы.

1. Абрикосовский храм.

2. Корсаковский храм.

2. Городище Николаевское-2.

Вторая часть. Археологические материалы бохайского времени.

I. Поселения.

1. Поселение Синие Скалы.

2. Новогордеевское селище.

俄罗斯滨海边疆区渤海遗存分布图

Карта распространения бохайских памятников в Приморском крае России.

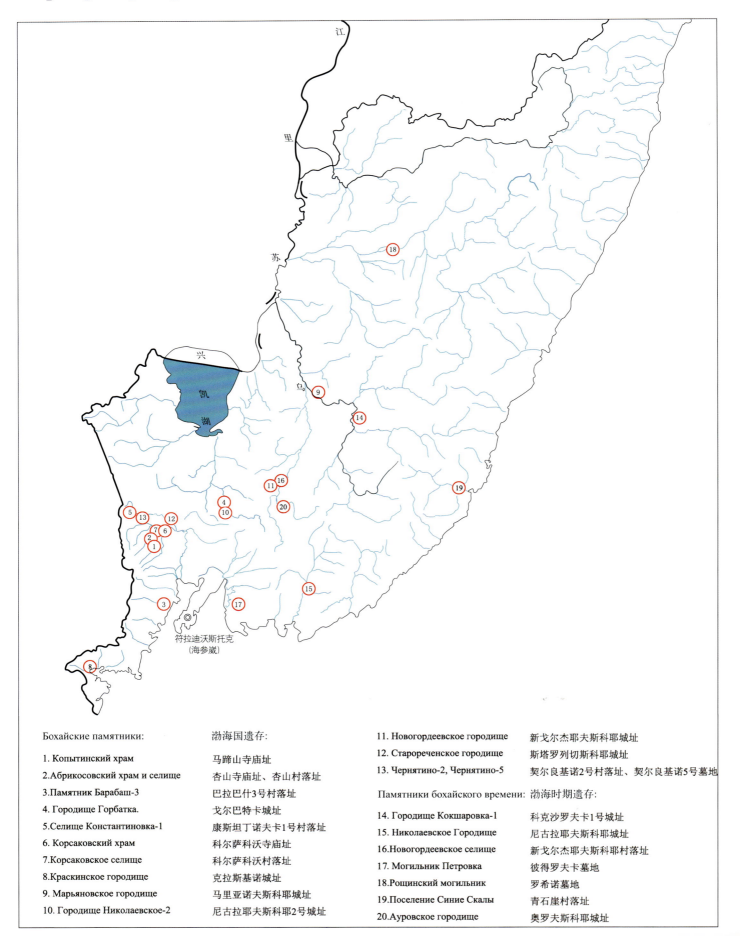

Бохайские памятники: 渤海国遗存：

1. Копытинский храм
   马蹄山寺庙址

2. Абрикосовский храм и селище
   杏山寺庙址、杏山村落址

3. Памятник Барабаш-3
   巴拉巴什3号村落址

4. Городище Горбатка.
   戈尔巴特卡城址

5. Селище Константиновка-1
   康斯坦丁诺夫卡1号村落址

6. Корсаковский храм
   科尔萨科沃寺庙址

7. Корсаковское селище
   科尔萨科沃村落址

8. Краскинское городище
   克拉斯基诺城址

9. Марьяновское городище
   马里亚诺夫斯科耶城址

10. Городище Николаевское-2
    尼古拉耶夫斯科耶2号城址

11. Новогордеевское городище
    新戈尔杰耶夫斯科耶城址

12. Старореченское городище
    斯塔罗列切斯科耶城址

13. Чернятино-2, Чернятино-5
    契尔良基诺2号村落址、契尔良基诺5号墓地

Памятники бохайского времени: 渤海时期遗存：

14. Городище Кокшаровка-1
    科克沙罗夫卡1号城址

15. Николаевское Городище
    尼古拉耶夫斯科耶城址

16. Новогордеевское селище
    新戈尔杰耶夫斯科耶村落址

17. Могильник Петровка
    彼得罗夫卡墓地

18. Рощинский могильник
    罗希诺墓地

19. Поселение Синие Скалы
    青石崖村落址

20. Ауровское городище
    奥罗夫斯科耶城址

第一部分

渤海国遗存

Первая часть. Археологические
материалы государства Бохай.

一、村落址 Поселение

1．康斯坦丁诺夫卡1号村落址
Селище Константиновка-1

铜环

直径2、厚0.4厘米。

Кольцо, бронза.

Диаметр 2 см, толщина 0,4 см.

铜铃

高2.7、宽1.7、厚1.6厘米。

Бубенчик, бронза.

Высота 2,7 см, ширина 1,7 см, толщина 1,6 см.

铜带卡

长2.7、宽2.5、厚0.3厘米。

Пряжка, бронза.

Длина 2,7 см, ширина 2,5 см, толщина 0,3 см.

铜饰件残片

残长4、残宽3.7、厚0.2厘米。

Нашивное украшение, бронза, фрагмент.

Длина 4 см, ширина 3,7 см, толщина 0,2 см.

铜镯
直径7.8、宽0.7、厚0.4厘米。

Браслет, бронза.
Диаметр 7,8 см, ширина 0,7 см, толщина 0,4 см.

铜发簪
长9.5、截面直径0.3、簪头宽0.7厘米。

Шпилька, бронза.
Длина 9,5 см, диаметр стержня 0,3 см,
ширина шляпки 0,7 см.

鎏金铜坠饰　　　　Подвеска, бронза, позолота.
长3.3厘米。　　　　Длина 3,3 см.

铁铲

通长14、宽10.4、厚0.5厘米，銎宽3.5、厚2.5厘米。

Лопата, железо.

Длина 14 см, ширина 10,4 см, толщина 0,5 см, ширина втулки 3,5 см, толщина 2,5 см.

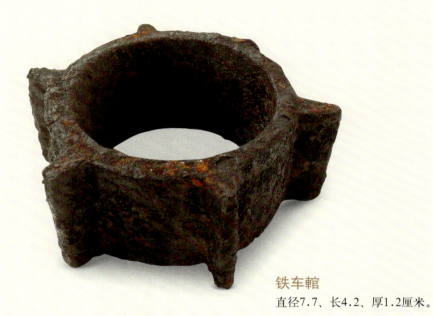

铁车辖
直径7.7、长4.2、厚1.2厘米。

Втулка ступицы тележного колеса, чугун.
Диаметр втулки 7,7 см, длина 4,2 см, толщина 1,2 см.

铁车辖
直径8.1、长4.2、厚1厘米。

Втулка ступицы тележного колеса, чугун.
Диаметр втулки 8,1 см, длина 4,2 см, толщина 1 см.

骨簪（？）残片
残长7.4、宽0.4～1.2、厚0.1厘米。

Шпилька (?), кость, фрагмент.
Длина 7,4 см, ширина 0,4 – 1,2 см, толщина 0,1 см.

骨簪残片
残长9.8、直径0.3～0.5厘米。

Шпилька, кость, фрагмент.
Длина 9,8 см, диаметр 0,3 – 0,5 см.

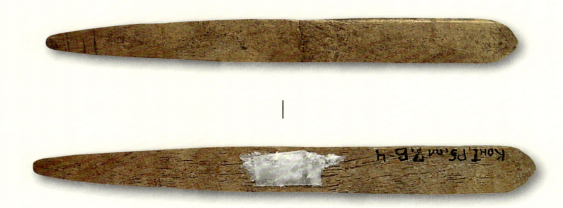

骨簪（？）
长10.9、宽0.4～1.1、厚0.2厘米。

Шпилька (?), кость.
Длина 10,9 см, ширина 0,4 – 1,1 см, толщина 0,2 см.

施纹骨板

残长4.7、宽1.3~1.5、厚 0.3厘米。

Пластина-накладка с орнаментом, кость.

Длина 4,7 см, ширина 1,3 – 1,5 см, толщина 0,3 см.

蜥蜴形骨锥

长10.4、宽2.5、厚1.3厘米。

Костяная проколка в форме ящерицы.

Длина 10,4 см, ширина 2,5 см, толщина 1,3 см.

角质圆盘

直径4、厚0.3厘米，孔径0.5厘米。

Диск, рог.

Диаметр 4 см, толщина 0,3 см, диаметр отверстия 0,5 см.

角质圆盘

直径4.4、厚0.4厘米，孔径0.5厘米。

Диск, рог.

Диаметр 4,4 см, толщина 0,4 см, диаметр отверстия 0,5 см.

贝壳坠饰

长2.5、宽2.2、厚0.8厘米。

Раковина-подвеска.

Длина 2,5 см, ширина 2,2 см,
толщина 0,8 см.

玛瑙坠饰

长2.1、宽1.3厘米。

Подвеска, сердолик.

Длина 2,1 см, ширина 1,3 см.

骨坠饰

长3.1~4.5厘米。

Подвески, кость.

Длина 3,1 – 4,5 см.

龟形骨坠饰

长2.7、宽1.4、厚0.4厘米。

Нашивка в форме черепахи, кость.

Длина 2,7 см, ширина 1,4 см, толщина 0,4 см.

2．杏山村落址
Абрикосовское селище

狗（？）形陶塑残片
残高2.2、残长2.6厘米。

Голова животного (собаки?), керамика.
Высота 2,2 см, длина 2,6 см.

陶坩埚
长3.5、宽1.4～2.3厘米。

Льячка, керамика.
Длина 3,5 см, ширина 1,4 – 2,3 см.

珠母环饰

直径0.5厘米，孔径0.2厘米。

Кольцо, перламутр.

Диаметр 0,5 см, диаметр отверстия 0,2 см.

珠母环饰

直径0.5厘米，孔径0.1厘米。

Кольцо, перламутр.

Диаметр 0,5 см, диаметр отверстия 0,1 см.

骨骰子

长1、宽0.9、高0.95厘米。

Кубик игральный, кость.

Длина 1 см, ширина 0,9 см, высота 0,95 см.

3. 科尔萨科沃村落址
Корсаковское селище

铁犁铧
长32.2、宽27.2、厚4.25厘米。

Лемех плуга, чугун.
Длина 32,2 см, ширина 27,2 см, толщина 4,25 см.

俄罗斯滨海边疆区渤海文物集粹

铁剪刀
长29.2、宽5.3、厚0.5～0.9厘米。

Ножницы, железо.
Длина 29,2 см, ширина 5,3 см, толщина 0,5 – 0,9 см.

4. 契尔良基诺2号村落址
Селище Чернятино-2

鹿纹陶片
残高14.7、残宽17、厚0.9厘米。

Фрагмент стенки сосуда с изображением оленя, керамика.
Высота 14,7 см, ширина 17 см, толщина 0,9 см.

陶屋形多孔器

高6.2、残宽4.1厘米。

Фрагмент предмета с отверстиями в виде модели здания и антропоморфным изображением на боковой стене, керамика.
Высота 6,2 см, ширина 4,1 см.

5. 巴拉巴什3号村落址
Памятник Барабаш-3

陶灯盏残片
口径9.1、高5.2、底径5.3厘米。

Чашечка-светильник, керамика, фрагмент.
Диаметр венчика 9,1 см, высота 5,2 см, диаметр дна 5,3 см.

—

瓦当残片
直径约13厘米。

Концевой диск черепицы, керамика, фрагмент.
Диаметр около 13 см.

 —

筒瓦
长37.4～37.8、宽11～16.5、厚1.7厘米。

Желобчатая черепица, керамика.
Длина 37,4 – 37,8 см, ширина 11 – 16,5 см, толщина 1,7 см.

指压纹板瓦残片

残长42、残宽32、厚1.8～2.4厘米。

Плоская черепица, керамика, фрагмент.

Длина 42 см, ширина 32 см, толщина 1,8 – 2,4 см.

铁锁残件

残长14.4、残宽5.2、厚2.3厘米。

Деталь замка, железо.

Длина 14,4 см, ширина 5,2 см, толщина 2,3 см.

二、墓地　Погребения

契尔良基诺5号墓地
Могильник Чернятино-5

陶罐
口径8.6、高12.4、底径5.2厘米。

Сосуд, керамика.
Диаметр венчика 8,6 см, высота 12,4 см,
диаметр дна 5,2 см.

陶罐
口径9.6、高15.4、底径5.8厘米。

Сосуд, керамика.
Диаметр венчика 9,6 см, высота 15,4 см,
диаметр дна 5,8 см.

陶罐

口径8.4、高14.4、最大腹径10.8、底径6.4厘米。

Сосуд, керамика.

Диаметр венчика 8,4 см, высота 14,4 см,
максимальный диаметр тулова 10,8 см,
диаметр дна 6,4 см.

陶罐

口径10.2、高12.9、底径8.3厘米。

Сосуд, керамика.

Диаметр венчика 10,2 см,
высота 12,9 см,
диаметр дна 8,3 см.

陶罐
口径12.2、高19.4、
底径5.4、壁厚0.5～0.6厘米。

Сосуд, керамика.
Диаметр венчика 12,2 см, высота 19,4 см,
диаметр дна 5,4 см, толщина стенки 0,5 – 0,6 см.

陶罐
口径12.6、残高20.4、
壁厚0.5～0.6厘米。

Сосуд, керамика.
Диаметр венчика 12,6 см,
высота сохранившейся части 20,4,
толщина стенки 0,5 – 0,6 см.

陶罐
口径10.4、高16.6、
底径4.8、壁厚0.6厘米。

Сосуд, керамика.
Диаметр венчика 10,4, высота 16,6 см,
диаметр дна 4,8 см,
толщина стенки 0,6 см.

陶罐
口径11.4、高17.1、
底径5.6、壁厚0.35~0.5厘米。

Сосуд, керамика.
Диаметр венчика 11,4, высота 17,1 см,
диаметр дна 5,6 см,
толщина стенки 0,35 – 0,5 см.

陶罐
口径约8.9、高13.8、
底径4.5、壁厚0.5厘米。

Сосуд, керамика.
Приблизительный диаметр венчика 8,9 см,
высота 13,8 см,
диаметр донышка 4,5 см, толщина стенки 0,5 см.

陶罐
口径10.4、高17.8、
底径5.4、壁厚0.4厘米。

Сосуд, керамика.
Диаметр венчика 10,4 см,
высота 17,8 см,
диаметр дна 5,4 см,
толщина стенки 0,4 см.

陶罐
口径10.2、高15.6、
底径5.7、壁厚0.5厘米。

Сосуд, керамика.
Диаметр венчика 10,2 см, высота 15,6 см,
диаметр дна 5,7 см, толщина стенки 0,5 см.

陶罐
口径10.5、高18、底径6.5厘米。

Сосуд, керамика.
Диаметр венчика 10,5 см,
высота 18 см, диаметр дна 6,5 см.

陶罐
口径8.2、高14.3、
最大腹径10.3、底径5厘米。

Сосуд, керамика.
Диаметр венчика 8,2 см, высота 14,3 см,
максимальный диаметр тулова 10,3 см,
диаметр дна 5 см.

陶罐
口径8.8、高14.6、
最大腹径8.5、底径4.6厘米。

Сосуд, керамика.
Диаметр венчика 8,8 см, высота 14,6 см,
максимальный диаметр тулова 8,5 см,
диаметр дна 4,6 см.

陶罐
口径9.2、高14.3、
最大腹径8.2、底径5.4厘米。

Сосуд, керамика.
Диаметр венчика 9,2 см, высота 14,3 см,
максимальный диаметр тулова 8,2 см, диаметр дна 5,4 см.

陶罐
口径10.6、高16.7、
最大腹径10.8、底径6.5厘米。

Сосуд, керамика.
Диаметр венчика 10,6 см, высота 16,7 см,
максимальный диаметр тулова 10,8 см, диаметр дна 6,5 см.

陶罐
口径11、高19.1、
最大腹径12.8、底径6.5厘米。

Сосуд, керамика.
Диаметр венчика 11 см, высота 19,1 см,
максимальный диаметр тулова 12,8 см, диаметр дна 6,5 см.

陶罐
口径9、高14.6、
最大腹径5、底径4.8厘米。

Сосуд, керамика.
Диаметр венчика 9 см, высота 14,6 см см,
максимальный диаметр тулова 5 см, диаметр дна 4,8 см.

陶罐
口径11.5、高18.1、
最大腹径6.2、底径5.8厘米。

Сосуд, керамика.
Диаметр венчика 11,5 см, высота 18,1 см,
максимальный диаметр тулова 6,2 см, диаметр дна 5,8 см.

陶罐
口径9.5、高17.3、
最大腹径5.8、底径5厘米。

Сосуд, керамика.
Диаметр венчика 9,5 см, высота 17,3 см
максимальный диаметр тулова 5,8 см, диаметр дна 5 см.

陶罐
口径11.2、高13.9、
底径8.2、壁厚0.5厘米。

Сосуд, керамика.
Диаметр венчика 11,2 см, высота 13,9 см,
диаметр дна 8,2 см, толщина стенки 0,5 см.

陶罐
口径9.9、高18.2、
最大腹径8、底径5.4厘米。

Сосуд, керамика.
Диаметр венчика 9,9 см, высота 18,2 см,
максимальный диаметр 8 см, диаметр дна 5,4 см.

陶罐

口径8.6、高13、
最大腹径8.3、底径4.4厘米。

Сосуд, керамика.

Диаметр венчика 8,6 см, высота 13 см,
максимальный диаметр тулова 8,3 см,
диаметр дна 4,4 см.

陶罐

口径8.8、高14.6、
最大腹径8.5、底径4.6厘米。

Сосуд, керамика.

Диаметр венчика 8,8 см, высота 14,6 см,
максимальный диаметр тулова 8,5 см, диаметр дна 4,6 см.

陶罐

口径8.8、高16.4、
最大腹径11.8、底径6.8厘米。

Сосуд, керамика.

Диаметр венчика 8,8 см, высота 16,4 см,
максимальный диаметр тулова 11,8 см,
диаметр дна 6,8 см.

陶罐

口径9.2、高14.3、
最大腹径8.2、底径5.4厘米。

Сосуд, керамика.

Диаметр венчика 9,2 см, высота 14,3 см,
максимальный диаметр тулова 8,2 см, диаметр дна 5,4 см

陶罐

口径10.5、高18、
最大腹径12.3、底径7.4厘米。

Сосуд, керамика.

Диаметр венчика 10,5 см, высота 18 см,
максимальный диаметр тулова 12,3 см, диаметр дна 7,4 см.

陶罐

口径11.6、高20.4、
最大腹径11.1、底径6厘米。

Сосуд, керамика.

Диаметр венчика 11,6 см, высота 20,4 см,
максимальный диаметр тулова 11,1 см,
диаметр дна 6 см.

陶罐
口径7、高12、
最大腹径7.4、底径4.1厘米。

Сосуд, керамика.
Диаметр венчика 7 см, высота 12 см.
максимальный диаметр тулова 7,4 см, диаметр дна 4,1 см.

陶罐
口径10.2、高16、
最大腹径9、底径6厘米。

Сосуд, керамика.
Диаметр венчика 10,2 см, высота 16 см,
Максимальный диаметр тулова 9 см, диаметр дна 6 см.

陶罐
口径11.6、高20.4、
最大腹径11.1、底径6厘米。

Сосуд, керамика.
Диаметр венчика 11,6 см, высота 20,4 см,
максимальный диаметр тулова 11,1 см.
диаметр дна 6 см.

陶罐
口径7.4、高11、
最大腹径8、底径5厘米。

Сосуд, керамика.
Диаметр венчика 7,4 см, высота 11 см,
максимальный диаметр тулова 8 см, диаметр дна 5 см.

陶罐
口径9、高15.6、
最大腹径8.7、底径4.6厘米。

Сосуд, керамика.
Диаметр венчика 9 см, высота 15,6 см,
максимальный диаметр тулова 8,7 см, диаметр дна 4,6 см.

陶罐
口径11、高18.4、
最大腹径10、底径5.8厘米。

Сосуд, керамика.
Диаметр венчика 11 см, высота 18,4 см,
максимальный диаметр тулова 10 см, диаметр дна 5,8 см.

陶罐
口径10.6、高15.4、
最大腹径10.2、底径5.6厘米。

Сосуд, керамика.
Диаметр венчика 10,6 см, высота 15,4 см,
максимальный диаметр тулова 10,2 см, диаметр дна 5,6 см.

陶罐
口径11、高16.5、
最大腹径10.1、底径5厘米。

Сосуд, керамика.
Диаметр венчика 11 см, высота 16,5 см,
максимальный диаметр тулова 10,1 см, диаметр дна 5 см.

陶罐
口径11、高18.8、
最大腹径9、底径5.2厘米。

Сосуд, керамика.
Диаметр венчика 11 см, высота 18,8 см,
максимальный диаметр тулова 9 см, диаметр дна 5,2 см.

陶罐
口径8.8、高12.8、
最大腹径9.8、底径5.8厘米。

Сосуд, керамика.
Диаметр венчика 8,8 см, высота 12,8 см,
максимальный диаметр тулова 9,8 см, диаметр дна 5,8.

陶罐
口径11.2、高16.2、
最大腹径10.4、底径6.2厘米。

Сосуд, керамика.
Диаметр венчика 11,2 см, высота 16,2 см,
максимальный диаметр тулова 10,4 см, диаметр дна 6,2 см.

陶罐
口径10.2、高17～17.5、
最大腹径10、底径5.7厘米。

Сосуд, керамика.
Диаметр венчика 10,2 см, высота 17 – 17,5 см,
максимальный диаметр тулова 10 см, диаметр дна 5,7 см.

陶罐
口径8.8、高13.4、
最大腹径9、底径4.4厘米。

Сосуд, керамика.
Диаметр венчика 8,8 см, высота 13,4 см,
максимальный диаметр тулова 9 см, диаметр дна 4,4 см.

陶罐
口径11.2、高15、
最大腹径10.8、底径5.6厘米。

Сосуд, керамика.
Диаметр венчика 11,2 см, высота 15 см,
максимальный диаметр тулова 10,8 см, диаметр дна 5,6 см.

陶罐
口径9.6、高16.5、
最大腹径9.2、底径6厘米。

Сосуд, керамика.
Диаметр венчика 9,6 см, высота 16,5 см,
максимальный диаметр тулова 9,2 см, диаметр дна 6 см.

陶罐
口径10.6、高17.4、
最大腹径9.8、底径6.4厘米。

Сосуд, керамика.
Диаметр венчика 10,6 см, высота 17,4 см,
максимальный диаметр тулова 9,8 см,
диаметр дна 6,4 см.

陶罐
口径12、高17.7、
最大腹径11.3、底径6.6厘米。

Сосуд, керамика.
Диаметр венчика 12 см, высота 17,7 см,
максимальный диаметр тулова 11,3 см,
диаметр дна 6,6 см.

陶罐
口径10、高16.8、最大腹径8.7、底径5厘米。

Сосуд, керамика.
Диаметр венчика 10 см, высота 16,8 см,
максимальный диаметр тулова 8,7 см, диаметр дна 5 см.

陶罐
口径10、高17、最大腹径9、底径5厘米。

Сосуд, керамика.
Диаметр венчика 10 см, высота 17 см,
максимальный диаметр тулова 9 см, диаметр дна 5 см.

陶罐
口径12、高15.6、最大腹径13.4、底径8.4厘米。

Сосуд, керамика.
Диаметр венчика 12 см, высота 15,6 см,
максимальный диаметр тулова 13,4 см, диаметр дна 8,4 см.

陶罐
口径9.6、高18.5、
最大腹径10.1、底径6厘米。

Сосуд, керамика.
Диаметр венчика 9,6 см, высота 18,5 см,
максимальный диаметр тулова 10,1 см, диаметр дна 6 см.

陶罐
口径12.4、高18.4、
最大腹径12、底径7厘米。

Сосуд, керамика.
Диаметр венчика 12,4 см, высота 18,4 см,
максимальный диаметр тулова 12 см, диаметр дна 7 см.

陶罐
口径10.7、高20.5、最大腹径10.4、底径6.4厘米。

Сосуд, керамика.
Диаметр венчика 10,7 см, высота 20,5 см,
максимальный диаметр тулова 10,4 см, диаметр дна 6,4 см.

陶罐
口径11、高18.2、
最大腹径11.5、底径7厘米。

Сосуд, керамика.
Диаметр венчика 11 см, высота 18,2 см,
максимальный диаметр тулова 11,5 см,
диаметр дна 7 см.

陶罐
口径10.8、高19.4、
最大腹径10.29、底径6.6厘米。

Сосуд, керамика.
Диаметр венчика 10,8 см, высота 19,4 см,
максимальный диаметр тулова 10,29 см,
диаметр дна 6,6 см.

陶罐
残高20.6、
最大腹径25、底径18.2厘米。

Сосуд, керамика.
Высота фрагмента 20,6 см.
максимальный диаметр тулова 25 см,
диаметр дна 18,2 см.

陶罐
口径8.4、高12、底径14厘米。

Сосуд, керамика.
Диаметр венчика 8,4 см, высота 12 см, диаметр дна 14 см.

陶罐

口径8.2、高22.4、
最大腹径19.3、底径14厘米。

Сосуд, керамика.
Диаметр венчика 8,2 см, высота 22,4 см,
максимальный диаметр тулова 19,3 см,
диаметр дна 14 см.

陶罐

口径10.5、高23.4、
最大腹径12.8、底径8.2厘米。

Сосуд, керамика.
Диаметр венчика 10,5 см, высота 23,4 см,
максимальный диаметр тулова 12,8 см,
диаметр дна 8,2 см.

俄罗斯滨海边疆区渤海文物集粹

陶罐

口径21.6、残高约31.7、最大腹径31、底径16.6厘米。

Сосуд, керамика.

Диаметр венчика 21,6 см, высота 31,7 см,
максимальный диаметр тулова 31 см, диаметр дна 16,6 см.

银镯
直径4.6厘米、银丝直径0.25厘米。

Серебряный браслет.
Диаметр 4,6 см, диаметр проволоки 0,25 см.

银耳环
1.直径1.2厘米。
2.直径1.1厘米。

Серебряные серьги.
1. Диаметр 1,2 см.
2. Диаметр 1,1 см.

1   2

银耳环
最大直径2.85厘米，
银丝直径0.35厘米。

Серебряная серьга.
Максимальный диаметр 2,85 см,
диаметр проволоки 0,35 см.

银耳环
直径2.05厘米，
银丝直径0.15厘米。

Серебряная серьга.
Диаметр 2,05 см,
диаметр проволоки 0,15 см.

银耳环
直径2.2厘米，
银丝直径0.15厘米。

Серебряная серьга.
Диаметр 2,2 см,
диаметр проволоки 0,15 см.

骑士铜像
长9.8、高4.7厘米。

Фигурка всадника, бронза.
Длина 9,8 см, высота 4,7 см.

骑士铜像
长6.6、高2.4厘米。

Фигурка всадника, бронза.
Длина 6,6 см, высота 2,4 см.

铜饰件
高2.6、直径2.5厘米。

Нашивное украшение, бронза.
Высота 2,6 см, диаметр 2,5 см.

铜铃

高3.3、宽1.6、厚1.1厘米。

Колокольчик, бронза.

Высота 3,3 см, ширина 1,6 см, толщина 1,1 см.

铜铃

高6.3、直径3.1厘米。

Колокольчик, бронза.

Высота 6,3 см, диаметр 3,1 см.

铜铃残件

残高1.8、残宽1.8、厚0.1厘米。

Фрагмент бронзового предмета.

Высота и ширина сохранившейся части 1,8 см, толщина 0,1 см.

铜铃

直径2厘米，钮高0.5、宽0.7厘米。

Бронзовый бубенчик.

Диаметр 2 см, высота ушка 0,5 см, ширина ушка 0,7 см.

铜带卡
铜圈长4.4、宽2.5厘米。

Бронзовая пряжка.
Длина рамки 4,4 см, ширина 2,5 см.

铜牌饰
长4.5、宽3.2厘米。

Бляха бронзовая ажурная.
Длина 4,5 см, ширина 3,2 см.

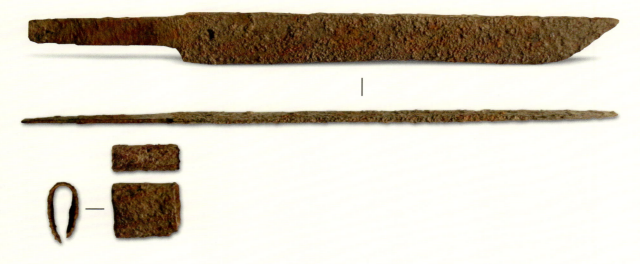

铁刀

通长47.7、宽4.2、厚1.1厘米，柄宽2.4厘米。

Меч с обоймицей, железо.

Длина 47,7 см, ширина 4,2 см, толщина 1,1 см,
ширина насада рукояти 2,4 см.

铁刀

通长47.6厘米，刃长35.3、宽4~4.5、厚0.8~0.9厘米。

Меч, железо.

Общая длина 47,6 см, длина клинка 35,3 см,
ширина 4 – 4,5 см, толщина 0,8 – 0,9 см.

铁刀

通长65.8厘米，刃长55.7、刃宽约3厘米，柄长10.1厘米，背厚 0.7 厘米。

Меч, железо.

Общая длина 65,8 см, длина клинка 55,7 см, ширина клинка около 3 см, длина черенка 10,1 см,толщина спинки 0,7 см.

铁刀

通长80.7厘米，刃长71.2、宽约3、厚0.7厘米。

Меч, железо.

Общая длина 80,7 см, длина клинка 71,2 см, ширина около 3 см, толщина 0,7 см.

铁刀残件

残长17.1厘米，刃宽1.2厘米，
背厚0.3～0.4厘米。

Фрагмент ножа, железо.

Длина сохранившейся части 17,1 см, ширина клинка 1,2 см,
толщина спинки 0,3 – 0,4 см.

铁刀

通长17厘米，刃长11.5、
宽1.6厘米、背厚 0.4厘米，
柄长5.5、宽1、厚0.4厘米。

Нож, железо.

Общая длина 17 см, длина лезвия 11,5 см,
ширина лезвия 1,6 см, толщина обушка 0,4 см,
длина рукояти 5,5 см, ширина рукояти 1 см,
толщина рукояти 0,4 см.

铁刀

通长16.1厘米，刃长13.4、最大宽1.2、
厚0.2厘米，柄长3.7厘米。

Нож, железо.

Длина 16,1 см, длина лезвия 13,4 см,
максимальная ширина лезвия 1,2 см,
толщина 0,2 см,длина черенка 3,7 см.

俄罗斯滨海边疆区渤海文物集粹

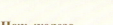

铁刀

通长8.5、厚0.4、
最大宽0.9厘米，柄长4.2厘米。

Нож, железо.

Общая длина 8,5 см,
толщина 0,4 см,
ширина основания 0,9 см,
длина черенка 4,2 см.

铁刀

长40.5、宽4.2、
厚0.7厘米，
环宽3、环厚0.4厘米。

Меч, железо.

Длина 40,5 см, ширина 4,2 см,
толщина 0,7 см, ширина кольца 3 см,
толщина кольца 0,4 см.

铁刀

通长8.1、厚0.2、
最大宽1.05厘米，柄长2.9厘米。

Нож, железо.

Общая длина 8,1 см,
толщина 0,2 см,
максимальная ширина 1,05 см,
длина черенка 2,9 см.

铁刀
长15.8、宽1.6、
厚0.5厘米，环宽2.7厘米。

Нож, железо.
Длина 15,8 см, ширина 1,6 см,
толщина 0,5 см, ширина кольца 2,7 см.

铁刀
通长15.1、厚0.4、
最大宽2.6厘米，柄长2.2厘米。

Нож, железо.
Общая длина 15,1 см, толщина 0,4 см,
ширина основания 2,6 см, длина черенка 2,2 см.

—

铁刀

通长17.4厘米，刃长13.4、宽1.8、
厚0.5厘米，柄长4、宽1、厚0.3厘米。

Нож, железо.

Общая длина 17,4 см, длина лезвия 13,4 см,
ширина лезвия 1,8 см, толщина лезвия 0,5 см,
длина насада рукояти 4 см,
ширина насада 1 см, толщина 0,3 см.

带链铁匕首

长16.9、宽1.6厘米。

Кинжал с цепью, железо.

Длина ножа 16,9 см, ширина 1,6 см.

带链铁匕首

刃长5.2、平均宽1.1、厚0.25厘米，圆形护手直径1.2厘米，
柄长3.1、宽0.7、厚0.5厘米，链环平均直径1.2、环厚0.3厘米。

Кинжал с фрагментом цепи, железо.

Длина лезвия 5,2 см, рукоятки 3,1 см. Упор имеет круглую форму
диаметром 1,2 см. Средняя ширина лезвия 1,1 см, рукоятки 0,7 см,
толщина лезвия 0,25 см, рукоятки 0,5 см, средний диаметр колец
цепочки 1,2 см, толщина кольца 0,3 см.

带链铁匕首

通长13.7厘米，刃长8.9、宽0.4~1.1厘米，
柄宽0.8、长4.8厘米。

Кинжал с фрагментом цепи, железо.

Общая длина 13,7 см,
длина лезвия 8,9 см, ширина лезвия от 0,4 – 1,1,
ширина рукояти 0,8 см, длина рукояти 4,8 см.

铁匕首

刃长5.75、宽1.1、厚 0.3厘米，半圆形护手直径1.1厘米，
柄长3.6、宽0.6、厚0.6 厘米。

Кинжал, железо.

Длина лезвия 5,75 см, длина рукоятки 3,6 см. Упор имеет круглую
форму диаметром 1,1 см, ширина лезвия 1,1 см, толщина лезвия 0,3 см,
ширина рукоятки 0,6 см, толщина рукоятки 0,6 см.

铁矛

通长28.2厘米，刃长15.5、宽2、厚1.3厘米，
銎长12.7、直径1.2～2.4厘米。

Наконечник копья, железо.

Общая длина 28,2 см, длина пера 15,5 см, ширина пера 2 см,
толщина пера 1,3 см, длина втулки 12,7 см,
диаметр втулки в самой широкой части 2,4 см,
в самой узкой 1,2 см.

铁矛残件

通长约28.4厘米，刃宽约1.5、厚1.1厘米。

Фрагмент наконечника копья, железо.

Общая длина наконечника 28,4 см,
ширина пера около 1,5 см, толщина 1,1 см.

铁矛
通长23.2、刃长12、宽2.2厘米，
銎长11.2、銎口直径2.6厘米。

Наконечник копья, железо.
Общая длина 23,2 см, длина пера 12 см,
ширина 2,2 см, длина втулки 11,2 см,
ширина основания втулки 2,6 см.

一

一

铁矛
通长25.6、刃长14.4、宽2.1厘米，
銎长11.2、銎口直径2.7厘米。

Наконечник копья, железо.
Общая длина 25,6 см, длина пера 14,4 см,
ширина 2,1 см, длина втулки 11,2 см,
ширина основания втулки 2,7 см.

铁镞
通长5.7厘米，刃长3.4、
宽2.4、厚 0.3厘米，
铤长2.3、宽0.5、厚0.3厘米。

Наконечник стрелы, железо.
Общая длина 5,7 см, длина пера 3,4 см,
ширина пера 2,4 см, толщина пера 0,3 см,
длина черешка 2,3 см,
ширина 0,5 см, толщина 0,3 см.

铁镞
通长4.5厘米，刃长2.9、
宽1、厚0.4厘米，
铤长1.6、宽0.6厘米。

Наконечник стрелы, железо.
Общая длина 4,5 см, длина пера 2,9 см,
ширина пера 1 см, толщина пера 0,4 см,
длина черешка 1,6 см,
ширина черешка 0,6 см.

铁镞
通长7.9厘米，刃长3.4、
宽0.8、厚0.3厘米，铤长4.7厘米。

Наконечник стрелы, железо.
Общая длина 7,9 см, длина пера 3,4 см,
ширина пера 0,8 см,
толщина пера 0,3 см,
длина черешка 4,7 см.

铁镞
通长约5厘米，刃长3.3、
宽1.3厘米，铤长1.7、
宽0.6厘米。

Наконечник стрелы, железо.
Общая длина 5 см, длина пера 3,3 см,
ширина пера 1,3 см,
длина черешка 1,7 см,
ширина черешка 0,6 см.

铁镞
刃长2.2、宽2、厚0.3厘米，
长方形铤长1.2、厚0.35厘米。

Наконечник стрелы, железо.
Длина пера 2,2 см, ширина пера 2 см,
толщина пера 0,3 см,
длина квадратного в сечении черешка 1,2 см,
толщина 0,35 см.

铁镞
长6.1、宽1.15厘米。

Наконечник стрелы, железо.
Длина 6,1 см, ширина 1,15 см.

铁镞
通长8.9、刃长6.7、厚0.4厘米，
铤长2.3厘米。

Наконечник стрелы, железо.
Общая длина 8,9 см, длина пера 6,7 см, толщина пера
0,4 см, длина черешка 2,3 см.

铁镞

长10.3厘米，铤宽0.4厘米。

Наконечник стрелы, железо.

Длина 10,3 см,
ширина черешка 0,4 см.

 —

铁镞

长6.1、宽1.2厘米。

Наконечник стрелы, железо.

Длина 6,1 см, ширина 1,2 см.

铁甲片

长5.8～6.2、宽2.2～2.9、厚0.2厘米。

Панцирные пластины, железо.

Длина 5,8 – 6,2 см, ширина 2,2 – 2,9 см, толщина 0,2 см.

铁甲片
长8.8、宽2.5、厚 0.1~0.2厘米，
穿孔直径0.15~0.2厘米。

Панцирные пластины, железо.
Длина 8,8 см, ширина 2,5 см, толщина 0,1 – 0,2 см,
диаметры отверстий 0,15 – 0,2 см.

铁甲片
长8.8、宽2.5、厚 0.1~0.2厘米，
穿孔直径0.15~0.2厘米。

Панцирные пластины, железо.
Длина 8,8 см, ширина 2,5 см, толщина 0,1 – 0,2 см,
диаметры отверстий 0,15 – 0,2 см.

铁器（马镳?）
长6.8厘米，大框宽5厘米，
小框宽3.3厘米，截面直径0.6厘米。

Железное изделие (псалий?).
Длина 6,8 см, ширина большой рамки 5 см,
малой рамки 3,3 см, диаметр проволоки 0,6 см.

铁器残片
残长6.7、宽2.2、厚0.1厘米。

Фрагмент железного изделия.
Длина сохранившейся части 6,7 см,
ширина 2,2 см, толщина 0,1 см.

铁带卡
长4.5、宽4.5、厚0.4厘米。

Пряжка, железо.
Длина 4,5 см, ширина 4,5 см, толщина 0,4 см.

铁带卡
长5、宽4.8、厚0.5～0.6厘米。

Пряжка, железо.
Длина 5 см, ширина 4,8 см, толщина 0,5 – 0,6 см.

铁带卡
固定卡针处长1.5、
宽2.3厘米，铁圈宽4.9厘米。

Пряжка, железо.
 Длина приемника 2,3 см,
ширина 1,5 см, ширина изделия 4,9 см.

铁带卡
卡针长3、厚0.7厘米，
固定卡针处长2、宽2.6厘米。

Пряжка, железо.
Длина язычка 3 см, толщина язычка 0,7 см,
длина приемника 1,2 см, ширина приемника 2,6 см.

铁带卡
卡针长3.8、厚0.5厘米，
固定卡针处宽2.4、长1.6厘米。

Пряжка, железо.
Длина языка 3,8 см, толщина языка 0,5 см,
длина приемника 2,4 см, ширина приемника 1,6 см.

铁带卡

卡圈宽6.8、厚0.5厘米，固定卡针处宽4、厚0.35厘米，卡针长4、厚0.3～0.5厘米。

Пряжка, железо.

Ширина рамки 6,8 см, толщина рамки 0,5 см,
ширина приемника 4 см, длина язычка 4 см,
толщина приемника 0,35 см,
толщина основания языка 0,5 см, на конце 0,3 см.

铁带卡

长5.5、宽6.5、厚0.53厘米。

Пряжка, железо.

Длина 5,5 см, ширина 6,5 см, толщина 0,53 см.

铁带卡

卡圈窄端厚0.5厘米，卡针长5.2、厚1厘米。

Пряжка, железо.

Толщина пряжки в узкой части 0,5 см.длина
язычка 5,2 см, толщина язычка 1 см,

铁带卡

长5.7、宽3.97、厚0.51厘米。

Пряжка, железо.

Длина 5,7 см, ширина 3,97 см, толщина 0,51 см.

石串珠、琉璃串珠　　Бусины, камень и стекло.
长0.2～2.3厘米。　　Длина 0,2 – 2,3 см.

琉璃串珠
直径0.4~0.6、长0.4厘米。

Бусины, стекло.
Диаметры 0,4 – 0,6 см, длина 0,4 см.

琉璃串珠
直径0.5~0.7、长0.3~0.4厘米。

Бусины, стекло.
Диаметры 0,5 – 0,7 см, длина 0,3 – 0,4 см.

圆形红色琉璃串珠
外径0.5~0.6、内径0.1~0.2厘米。

Бусины, красное стекло.
Внешний диаметр 0,5 – 0,6 см,
внутренний 0,1 – 0,2 см.

椭圆形红色琉璃串珠
长0.8~0.9 厘米，外径0.6、内径0.1~0.2 厘米。

Бусины, красное стекло.
Длина 0,8 – 0,9 см, внешний диаметр 0,6 см,
внутренний 0,1 – 0,2 см.

蓝色琉璃串珠
平均宽0.85、平均厚 0.45厘米。

Бусины, синее стекло.
Средняя ширина 0,85 см, средняя толщина 0,45 см.

白色石串珠
平均长1.2、平均直径0.5厘米。

Бусины, белый камень.
Средняя длина 1,2 см, средний диаметр 0,5 см.

黄色琉璃串珠
长1、直径0.7厘米。

Бусина, желтое стекло.
Длина 1 см, диаметр 0,7 см.

黑色琉璃串珠
长0.8、直径0.85厘米。

Бусина, черное стекло.
Длина 0,8 см, диаметр 0,85 см.

玉耳珰
外径3.5、内径1.2、厚0.2厘米。

Кольцо, нефрит.
Внешний диаметр 3,5 см,
внутренний диаметр 1,2 см, толщина 0,2 см.

玉耳珰
外径3.8、内径1.2、平均厚0.2厘米。

Кольцо, нефрит.
Внешний диаметр 3,8 см,
внутренний диаметр 1,2 см, средняя толщина 0,2 см.

玉环
外径5.9、内径3.5、厚0.3厘米。

Кольцо, нефрит.
Внешний диаметр 5,9 см,
внутренний диаметр 3,5 см, толщина 0,3 см.

玉环
外径8.65、内径3.15、厚0.3厘米。

Кольцо, нефрит.
Внешний диаметр 8,65 см,
внутренний диаметр 3,15 см, толщина 0,3 см.

俄罗斯滨海边疆区渤海文物集粹

玉环
直径9.5、宽2.8、厚0.2厘米。

Кольцо, нефрит.
Диаметр 9,5 см, ширина 2,8 см, толщина 0,2 см.

 —

玉环
直径11.5、厚0.32厘米。

Кольцо, нефрит.
Диаметр 11,5 см, толщина 0,32 см.

石棍棒头
直径5.2、厚3.6厘米，穿孔直径0.9厘米。

Каменная булава.
Диаметр 5,2 см, толщина 3,6 см, диаметр отверстия 0,9 см.

砺石
长6.6、宽1.7、厚0.85厘米。

Каменное точило.
Длина 6,6 см, ширина 1,7 см, толщина 0,85 см.

石磨棒
长30.7、宽10.3、厚2.6厘米。

Каменный курант.
Длина 30,7 см, ширина 10,3 см, толщина 2,6 см.

俄罗斯滨海边疆区渤海文物集粹

三、寺庙址 Храмы

1．杏山寺庙址
Абрикосовский храм

檐头筒瓦残片
残长25、宽14、厚1.3~1.9厘米，瓦当直径13.3厘米。

Желобчатая черепица с концевым диском, фрагмент.
Длина фрагмента 25 см, ширина 14 см, толщина 1,3 – 1,9 см, диаметр диска 13,3 см.

檐头筒瓦残片
残长27.2、宽14.5～15、厚1.7～2.1厘米，瓦当直径13.7厘米。

Желобчатая черепица с концевым диском, фрагмент.
Длина 27,2 см, ширина 14,5 – 15 см, толщина 1,7 – 2,1 см, диаметр диска 13,7 см.

檐头筒瓦残片
残长34.5、宽13.8～14、厚2.1～2.3厘米，瓦当直径13.3厘米。

Желобчатая черепица с концевым диском.
Длина фрагмента 34,5 см, ширина 13,8 – 14 см, толщина 2,1 – 2,3 см, диаметр диска 13,3 см.

筒瓦
长38.5、宽12～16.7、厚1.3～2厘米。

Желобчатая черепица.
Длина 38,5 см, ширина 12 – 16,7 см, толщина 1,3 – 2 см.

檐头板瓦残片

长39.7、残宽19.5、厚1.6～1.9厘米。

Плоская орнаментированная черепица, фрагмент.

Длина 39,7 см, ширина фрагмента 19,5 см, толщина 1,6 – 1,9 см.

檐头板瓦残片
残长9.5、宽26.6、厚2～2.1厘米，
施纹端面宽2.2～3厘米。

Плоская орнаментированная черепица, фрагмент.
Длина фрагмента 9,5 см, ширина 26,6 см, толщина черепицы 2 – 2,1 см,
толщина орнаментированного торца 2,2 – 3 см.

檐头板瓦残片

残长17、宽21、厚1.7～1.8厘米，施纹端面宽2～2.1厘米。

Плоская орнаментированная черепица, фрагмент.

Длина фрагмента 17 см, ширина 21 см, толщина черепицы 1,7 – 1,8 см, толщина орнаментированного торца 2 – 2,1 см.

檐头板瓦残片

残长19.4、宽25.5、厚1.6~1.9厘米，施纹端面宽2.9厘米。

Плоская орнаментированная черепица, фрагмент.

Длина фрагмента 19,4 см, ширина 25,5 см, толщина черепицы 1,6 – 1,9 см, толщина орнаментированного торца 2,9 см.

檐头板瓦残片

残长23、宽27.3、厚1.7~2.4厘米，施纹端面宽2.2厘米。

Плоская орнаментированная черепица, фрагмент.

Длина фрагмента 23 см, ширина 27,3 см, толщина черепицы 1,7 – 2,4 см, толщина орнаментированного торца 2,2 см.

指压纹板瓦残片
长46、残宽22.2～27、厚1.3～1.7厘米。

Плоская черепица с вдавлениями на торце, фрагмент.
Длина 46 см, ширина 22,2 – 27 см, толщина 1,3 – 1,7 см.

陶造像耳部残片

残长6.5、残宽3.5、厚2.4厘米。

Ухо скульптуры, керамика.
Длина 6,5 см, ширина 3,5 см, толщина 2,4 см.

陶造像手指残片（带有铁钉）

残长6、残宽3.2、厚1.6厘米。

Фрагмент скульптуры, палец. Глина, железный гвоздь.
Длина 6 см, ширина 3,2 см, толщина 1,6 см.

陶造像台座残片

残高3.3、残长4.5、厚2.2厘米。

Фрагмент пьедестала статуэтки, керамика.
Высота 3,3 см, длина 4,5 см, толщина 2,2 см.

陶造像莲座残片

残高10.4、残宽6.5、厚2.5厘米。

Фрагмент пьедестала статуэтки в виде цветка лотоса, керамика.
Высота фрагмента 10,4 см, ширина 6,5 см, толщина 2,5 см.

陶造像面部残片
残长8.4、残宽8.1、厚2.5厘米。

Личина, керамика.
Длина 8,4 см, ширина 8,1 см, толщина 2,5 см.

俄罗斯滨海边疆区渤海文物集粹

陶造像残片

残高7.7、残宽7.2、厚2.5厘米。

Фрагмент статуэтки, керамика.

Высота фрагмента 7,7 см, ширина 7,2 см, толщина 2,5 см.

陶造像残片

残高7.8、残宽6.2、厚3厘米。

Фрагмент статуэтки, керамика.

Высота фрагмента 7,8 см, ширина 6,2 см, толщина 3 см.

人形陶塑残件
残高3.3、宽0.4~0.9厘米。

Антропоморфная фигурка, керамика.
Высота 3,3 см, ширина 0,4 – 0,9 см.

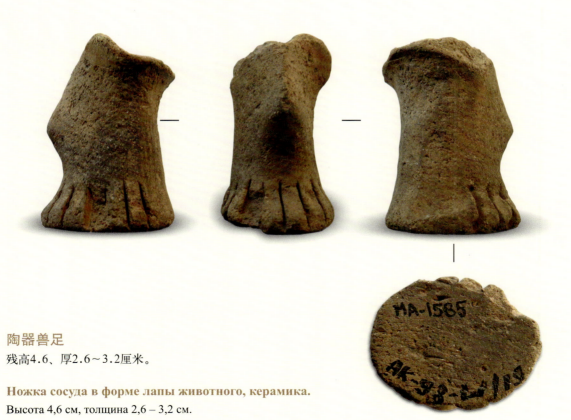

陶器兽足
残高4.6、厚2.6~3.2厘米。

Ножка сосуда в форме лапы животного, керамика.
Высота 4,6 см, толщина 2,6 – 3,2 см.

花形陶饰件
直径3.7、厚0.8厘米。

Розетки – налепные украшения, глина.
Диаметр 3,7 см, толщина 0,8 см.

花形陶饰件
直径3.7、厚0.8厘米。

Розетки – налепные украшения, глина.
Диаметр 3,7 см, толщина 0,8 см.

花形陶饰件
直径3.7、厚0.8厘米。

Розетки – налепные украшения, глина.
Диаметр 3,7 см, толщина 0,8 см.

三彩造像底座残片

残长5.3、残宽4.6厘米。

Фрагмент постамента статуэтки с полихромной глазурью.

Длина 5,3 см, ширина 4,6 см.

三彩器兽足残片

残高9.8厘米，掌厚1.4～1.5厘米，腿宽2.6～3.9厘米。

Ножка сосуда в виде лапы льва с полихромной глазурью.

Высота фрагмента 9,8 см, толщина стопы 1,4 – 1,5 см, ширина ножки 2,6 – 3,9 см.

鎏金铜钗残件

长3.4、宽2.3、残高1.6厘米。

Навершие шпильки, бронза, позолота

Длина 3,4 см, ширина 2,3 см, высота фрагмента 1,6 см.

2. 科尔萨科沃寺庙址
Корсаковский храм

|

|

檐头筒瓦
长33厘米，瓦当直径13.6～13.7厘米。

Желобчатая черепица с концевым диском.
Длина 33 см, диаметр 13,6 – 13,7 см.

檐头筒瓦

长34.3厘米，瓦当直径13.3厘米。

Желобчатая черепица с концевым диском.

Длина 34,3 см, диаметр диска 13,3 см.

瓦当
直径13.1～13.5厘米。

Концевой диск черепицы.
Диаметр 13,1 – 13,5 см.

筒瓦
长31.8、宽13.4、厚1.8厘米。

Желобчатая черепица.
Длина 31,8 см, ширина 13,4 см, толщина 1,8 см.

曲背檐头筒瓦
长29.5厘米，瓦当直径13.5～14厘米。

Черепица с концевым диском.
Длина 29,5 см, диаметр 13,5 – 14 см.

檐头板瓦
长36.4、宽27.3、厚2厘米。

Плоская фронтальная черепица с орнаментом.
Длина 36,4 см, ширина 27,3 см, толщина 2 см.

铁风铃

直径12～12.7厘米，高7.7厘米。

Ветровой колоколец, чугун.

Диаметр 12 – 12,7 см, высота 7,7 см.

3. 马蹄山寺庙址
Копытинский храм

陶灯盏

口径7.4、高2.7、底径5、壁厚0.8～1厘米。

Чаша-светильник, керамика.
Диаметр венчика 7,4 см, высота 2,7 см,
диаметр дна 5 см, толщина стенок 0,8 – 1 см.

陶灯盏

口径7.6、高3.8、底径5.4、壁厚0.9～1.2厘米。

Чаша-светильник, керамика.
Диаметр венчика 7,6 см, высота 3,8 см,
диаметр дна 5,4 см, толщина стенок 0,9 – 1,2 см.

陶灯盏
口径10.3、高5.2、底径7.5、壁厚1厘米。

Чаша-светильник, керамика.
Диаметр венчика 10,3 см, высота 5,2 см,
диаметр дна 7,5 см, толщина стенок 1 см.

陶灯盏
口径8.6、高4.2、底径6、壁厚0.6~0.9厘米。

Чаша-светильник, керамика.
Диаметр венчика 8,6 см, высота 4,2 см,
диаметр дна 6 см, толщина стенок 0,6 – 0,9 см.

陶器盖残片

直径16.5、高4、厚0.8厘米。

Крышка сосуда, фрагмент, керамика.

Диаметр 16,5 см, высота 4 см, толщина 0,8 см.

陶灯盏

口径8、高4.7、底径6、壁厚0.7~1.2厘米。

Чаша-светильник.

Диаметр венчика 8 см, высота 4,7 см, диаметр дна 6 см, толщина стенок 0,7 – 1,2 см.

檐头筒瓦

长41.5、宽13.3～14.3、厚1～1.8厘米，
瓦当直径13.8厘米。

Желобчатая черепица с концевым диском.
Длина 41,5 см, ширина 13,3 – 14,3 см,
толщина черепицы 1 – 1,8 см,
диаметр диска 13,8 см.

瓦当
直径12厘米。

Концевой диск черепицы.
Диаметр 12 см.

瓦当
直径13.5厘米。

Концевой диск черепицы.
Диаметр 13,5 см.

瓦当
直径11.4厘米。

Концевой диск черепицы.
Диаметр 11,4 см.

瓦当
直径13.7厘米。

Концевой диск черепицы.
Диаметр 13,7 см.

瓦当残片
直径14.1厘米。

Концевой диск черепицы, фрагмент.
Диаметр 14,1см.

筒瓦残片
残长9.2、残宽7.5、厚 0.7~1.5厘米。

Хвостовая часть желобчатой черепицы, фрагмент.
Длина 9,2 см, ширина 7,5 см, толщина 0,7 – 1,5 см.

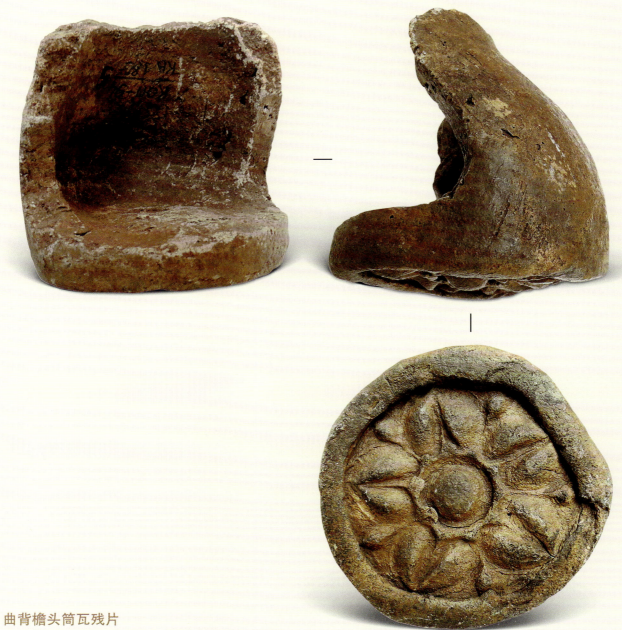

曲背檐头筒瓦残片

残长11.8、厚1.3~1.6厘米，瓦当直径10.3、厚1.7厘米。

Изогнутая желобчатая черепица с концевым диском.

Длина фрагмента 11,8 см, толщина черепицы 1,3 – 1,6 см, диаметр диска 10,3 см,
толщина диска 1,7 см.

曲背檐头筒瓦残片
残长32.8、宽9.2~13.8、厚1.2~1.4 厘米。

Изогнутая желобчатая черепица.
Длина 32,8 см, ширина 9,2 – 13,8 см, толщина 1,2 – 1,4 см.

檐头板瓦残片

残长18、残宽18.7、厚2～2.3厘米，
施纹端面宽2.7～3.2 厘米。

**Плоская фронтальная черепица с
орнаментом, фрагмент.**

Длина 18 см, ширина18,7 см, толщина 2 – 2,3 см,
толщина орнаментированного торца 2,7 – 3,2 см.

檐头板瓦残片

残长18、残宽16.8、厚 2～2.3厘米，施纹端面宽2.7厘米。

Плоская фронтальная черепица с орнаментом, фрагмент.

Длина 18 см, ширина 16,8 см, толщина 2 – 2,3 см,
толщина орнаментированного торца 2,7 см.

檐头板瓦残片

残长10.4、残宽15.2、厚2.2～2.4厘米。

Плоская фронтальная черепица с орнаментом, фрагмент.

Длина 10,4 см, ширина 15,2 см, толщина 2,2 – 2,4 см.

檐头板瓦残片

残长7、残宽9.5、厚2.2～2.7 厘米。

Плоская фронтальная черепица с орнаментом, фрагмент.

Длина 7 см, ширина 9,5 см, толщина 2,2 – 2,7 см.

檐头板瓦残片

残长19、宽26.2、厚2～2.4厘米，施纹端面宽2.8～2.9厘米。

Плоская фронтальная черепица с орнаментом, фрагмент.

Длина фрагмента 19 см, ширина 26,2 см, толщина 2 – 2,4 см, толщина орнаментированного торца 2,8 – 2,9 см.

指压纹板瓦残片

残长11.7、残宽21、厚2～2.7厘米。

Плоская фронтальная черепица с пальцевыми.

вдавлениями на торце, фрагмент.

Длина 11,7 см, ширина 21 см, толщина 2 – 2,7 см.

刻划纹板瓦残片

残长15、残宽15.5、厚1.7~2.5 厘米。

Плоская фронтальная черепица с крестообразными.
насечками на торце, фрагмент.
Длина 15 см, ширина 15,5 см, толщина 1,7 – 2,5 см.

刻划纹板瓦残片

残长8.5、残宽9.6、厚2~2.3厘米。

**Плоская фронтальная черепица с
крестообразными насечками на торце,
фрагмент.**
Длина 8,5 см, ширина 9,6 см, толщина 2 – 2,3 см.

当沟

长23.9、宽12.8、厚1.2～1.4厘米。

Козырьковая черепица.

Длина 23,9 см, ширина 12,8 см, толщина 1,2 – 1,4 см.

当沟残片

残长19.8、宽12.8、厚1.1～1.5厘米。

Козырьковая черепица, фрагмент.

Длина фрагмента 19,8 см, ширина 12,8 см,
толщина 1,1 – 1,5 см.

铜镯
长14.4、宽0.7、厚0.15～0.19厘米。

Браслет, бронза.
Длина 14,4 см, ширина 0,7 см, толщина 0,15 – 0,19 см.

釉陶器盖残片
残长13.4、高3.1、壁厚0.7厘米。

**Крышка круглой шкатулки с
полихромной глазурью, фрагмент.**
Длина фрагмента 13,4 см, высота 3,1 см,
толщина стенок 0,7 см.

四、城址 Городища

1．克拉斯基诺城址
Краскинское городище

陶瓮
口径21.2、高68、
腹径42.6、底径21.2厘米。

Корчага, керамика.
Диаметр венчика 21,2 см, высота 68 см,
диаметр тулова 42,6 см, диаметр дна 21,2 см.

契丹式陶壶

口径8、高25、底径7厘米。

Киданьский вазовидный сосуд, керамика.

Диаметр венчика 8 см, высота 25 см, диаметр дна 7 см.

陶罐
口径11.3、高23、
腹径21、底径16厘米

Вазовидный сосуд, керамика.
Диаметр венчика 11,3 см, высота 23 см,
диаметр тулова 21 см, диаметр дна 16 см.

陶罐
残高24.7、颈部直径7.8、
腹径21、底径12.1厘米。

Вазовидный сосуд, керамика.
Высота 24.7 см, диаметр горловины 7,8 см,
диаметр тулова 21 см,
диаметр дна 12,1 см.

陶罐
口径10.6、高32、底径15厘米。

Баночный сосуд, керамика.
Диаметр венчика 10,6 см, высота 32 см, диаметр дна 15 см.

陶罐

口径10、高11、底径10.5厘米。

Сферический сосуд, керамика.

Диаметр венчика 10 см, высота 11 см, диаметр дна 10,5 см.

陶罐
口径7.3、高5.6、底径7.8厘米。

Сферический сосуд, керамика.
Диаметр венчика 7,3 см, высота 5,6 см,
диаметр дна 7,8 см.

陶钵
口径19、高8.8、底径8.2厘米。

Миска, керамика.
Диаметр венчика 19 см, высота 8,8 см, диаметр дна 8,2 см.

陶罐

口径15.9、高23.5、底径8.5厘米。

Горшок, керамика.

Диаметр венчика 15,9 см, высота 23,5 см, диаметр дна 8,5 см.

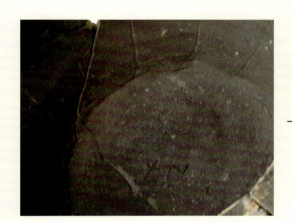

内壁施刻划纹陶罐

口径17.5、高13.4、底径12.9厘米。

Горшок с вертикальными бороздами на внутренних стенках, керамика.

Диаметр венчика 17,5 см, высота 13,4 см, диаметр дна 12,9 см.

压印纹陶罐
口径12.3、高14.1、腹径18.6、底径12.5厘米。

Сосуд со знаком на дне, керамика.
Диаметр венчика 12,3 см, высота 14,1 см,
диаметр тулова 18,6 см, диаметр дна12,5 см.

压印纹陶罐
颈部直径5、腹径20.2、底径14.7厘米。

Сосуд со знаком на дне, керамика.
Диаметр горловины 5 см, диаметр тулова 20,2 см, диаметр дна14,7 см.

鋬耳陶罐
口径27、高10.8、底径21.5厘米。

Сосуд с ручками, керамика.
Диаметр венчика 27 см, высота 10,8 см, диаметр дна 21,5 см.

陶扁壶
口径9、高23、底径12厘米。

Сосуд-фляга, керамика.
Диаметр венчика 9 см, высота 23 см,
диаметр дна 12 см.

陶罐

口径7.2、高7.5、底径9.95厘米。

Сферический сосуд, керамика.

Диаметр венчика 7,2 см, высота 7,5 см. диаметр дна 9,95 см.

圈足盘

口径14、高7.5、底径9.5厘米。

Сосуд-подставка, керамика.

Диаметр венчика 14 см, высота 7,5 см, диаметр дна 9,5 см.

陶灯盏

口径10.2、高5、底径6.6厘米。

Чаша-светильник, керамика.

Диаметр венчика 10,2 см, высота 5 см, диаметр дна 6,6 см.

陶罐

口径10、颈部直径8.3、高17.5、腹径16.3、底径8.5厘米。

Горшок, керамика.

Диаметр венчика 10 см, диаметр горловины 8,3 см, высота 17,5 см, диаметр тулова 16,3 см, диаметр дна 8,5 см.

俄罗斯滨海边疆区渤海文物集粹

陶钵
口径13.2、高9、底径7.4厘米。

Чаша, керамика.
Диаметр венчика 13,2 см, высота 9 см, диаметр дна 7,4 см.

陶钵
口径14.2、高3.3、底径10.6厘米。

Блюдце, керамика.
Диаметр венчика 14,2 см, высота 3,3 см, диаметр дна 10,6 см.

陶器盖
高6.9、直径19.8厘米。

Крышка сосуда, керамика.
Высота 6,9 см, диаметр 19,8 см.

陶器圈足

残高31、颈部直径7.8、底径29厘米。

Поддон сосуда-подставки, керамика.

Высота 31 см, диаметр горловины 7,8 см, диаметр дна 29 см.

"弘知 / 道隆"刻划纹陶片
残高9.2、底径13.4厘米。

Придонная часть сосуда с надписью.
«弘知 / 道隆» **на внутренней поверхности стенки.**
Высота фрагмента 9,2 см, диаметр дна 13,4 см.

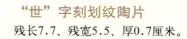

"世"字刻划纹陶片
残长7.7、残宽5.5、厚0.7厘米。

Фрагмент стенки сосуда с прочерченным
по сырой глине знаком ши 世**, керамика.**
Длина фрагмента 7,7 см, ширина 5,5 см,
толщина 0,7 см.

压印纹陶器底
残长8.4、残宽7.2厘米。

Фрагмент дна сосуда с
оттиснутым знаком, керамика.
Длина 8,4 см, ширина 7,2 см.

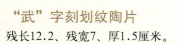

"武"字刻划纹陶片
残长12.2、残宽7、厚1.5厘米。

Фрагмент стенки сосуда с
прочерченным после обжига
знаком у 武**, керамика.**
Длина фрагмента 12,2 см,
ширина 7 см, толщина 1,5 см.

刻划符号陶片
残长4.1、宽3.7、厚0.7厘米。

Фрагмент стенки сосуда с
прочерченным знаком, керамика.
Длина 4,1 см, ширина 3,7 см, толщина 0,7 см.

俄罗斯滨海边疆区渤海文物集粹

檐头筒瓦残片

残长23.5厘米，瓦当直径16厘米。

Желобчатая черепица с концевым диском, фрагмент.

Длина 23,5 см, диаметр диска 16 см.

瓦当
直径16.3厘米。

Концевой диск черепицы.
Диаметр 16,3 см.

瓦当
直径16.5厘米。

Концевой диск черепицы.
Диаметр 16,5 см.

瓦当
直径16,5～16.6厘米。

Концевой диск черепицы.
Диаметр 16,5 – 16,6 см.

瓦当

直径13.7厘米。

Концевой диск черепицы.

Диаметр 13,7 см.

瓦当

直径17.7厘米。

Концевой диск черепицы.

Диаметр 17,7 см.

瓦当
直径12.2厘米。

Концевой диск черепицы.
Диаметр 12,2 см.

瓦当
直径12.5～13.5厘米。

Концевой диск черепицы.
Диаметр 12,5 – 13,5 см.

"禄" 字刻划纹筒瓦
长33.6、宽9.7~15.2厘米。

Желобчатая черепица с прочерченным знаком 禄 на выпуклой стороне.
Длина 33,6 см, ширина 9,7 – 15,2 см.

筒瓦

长34.3、宽9.4~15.2、厚0.9~1.9厘米。

Желобчатая черепица.

Длина 34,3 см, ширина 9,4 – 15,2 см, толщина 0,9 – 1,9 см.

檐头板瓦残片

残长35.8、宽29.7、厚2.4厘米。

Плоская фронтальная черепица с орнаментом.

Длина 35,8 см, ширина 29,7 см, толщина 2,4 см.

指压纹板瓦

长44.4、宽21.3～25.1、厚1.3～2.1厘米。

Плоская черепица с орнаментом на выпуклой стороне нижнего конца.
Длина 44,4 см, ширина 21,3 – 25,1 см, толщина 1,3 – 2,1 см.

指压纹板瓦
长36.8、宽24.5～29.4、厚1.8～2.3厘米。

Плоская черепица с орнаментом на выпуклой стороне широкого конца.
Длина 36,8 см, ширина 24,5 – 29,4 см, толщина 1,8 – 2,3 см.

指压纹板瓦

长44.8、宽26.6～34.3、厚1.7～2.2厘米。

Плоская черепица с орнаментом на широком конце.

Длина 44,8 см, ширина 26,6 – 34,3 см, толщина 1,7 – 2,2 см.

一

三角形戳印纹板瓦残片

残长17.4、宽 14.3、厚1.8～2.1厘米。

Фрагмент плоской черепицы с рядами треугольных вдавлений на выпуклой стороне.

Длина фрагмента 17,4 см, ширина 14,3 см, толщина 1,8 – 2,1 см.

—

板瓦类压当条

长35.8、宽13.5～14.3、厚1.4～2.3厘米。

Плоская узкая черепица (гребневая).

Длина 35,8 см, ширина 13,5–14,3 см, толщина 1,4–2,3 см.

花纹砖

长36.5、宽14.1、厚3.9厘米。

Облицовочный кирпича с орнаментом, глина.

Длина 36,5 см, ширина 14,1 см, толщина 3,9 см.

陶球
直径1.7厘米。

Шарик, глина.
Диаметр 1,7 см.

陶饼（以残瓦制成）
直径7.1~8.4厘米。

Игральная «фишка». изготовленная из черепицы.
Диаметр 7,1– 8,4 см.

石棋盘
残长26、残宽19、厚9.7厘米。

Плита с прочерченным на ней игровым полем, песчаник.
Длина 26 см, ширина 19 см, толщина 9,7 см.

陶脊饰残片

残长17.2、残宽15、厚3.1～5.2厘米。

Фрагмент украшения кровли, глина.

Длина фрагмента 17,2 см, ширина 15 см, толщина 3,1–5,2 см.

陶兽头残片

残高20、残宽13.1、厚3.6厘米。

Голова дракона, глина.

Высота 20 см, ширина 13,1 см, толщина фрагмента 3,6 см.

陶网坠

长4.6厘米，直径1.3~1.5厘米，孔径0.3~0.4厘米。

Грузило, глина.

Длина 4,6 см, диаметр 1,3–1,5 см, диаметр отверстия 0,3–0,4 см.

陶网坠（以残瓦制成）

长8.6、宽8.4、厚2.1厘米。

Грузило, изготовленное из черепицы, глина.

Длина 8,6 см, ширина 8,4 см, толщина 2,1 см.

陶网坠

长3.8、厚1.6～1.7厘米。

Грузило, глина.

Длина 3,8 см, толщина 1,6–1,7 см.

陶网坠

长4.2、宽2.3、厚2厘米。

Грузило, глина.

Длина 4,2 см, ширина 2,3 см, толщина 2 см.

俄罗斯滨海边疆区渤海文物集粹

陶屋形多孔器
长4.3、宽5.7、高9.8厘米。

Фрагмент предмета с отверстиями в виде модели здания, керамика.
Длина 4,3 см, ширина 5,7 см, высота 9,8 см.

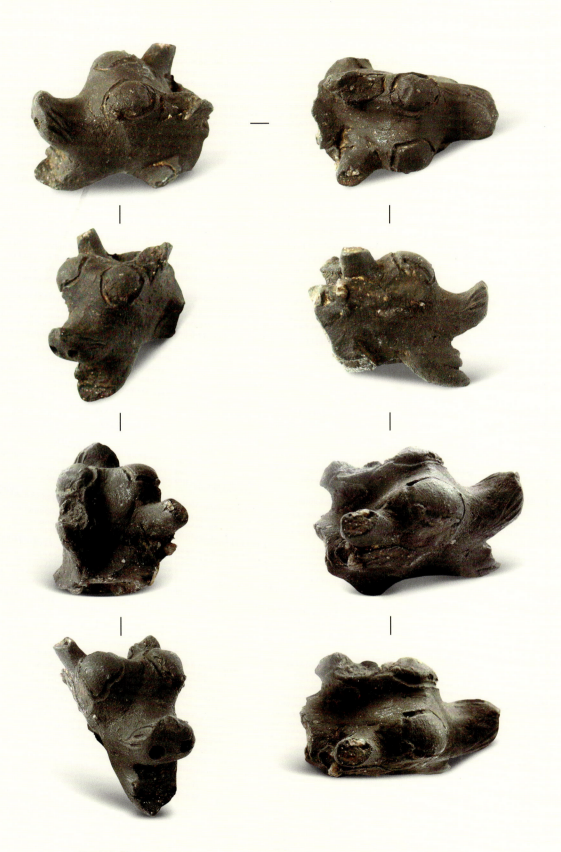

龙形陶塑
长4.1、宽2.3、高3.1厘米。

Голова дракона, глина.
Длина 4,1 см, ширина 2,3 см, высота 3,1 см.

马形陶塑
长4.7、厚1.4、残高3.8厘米。

Голова фигурки лошади, глина.
Длина 4,7 см, толщина 1,4 см, высота 3,8 см.

"狮子和猴子" 陶塑
长6.7、宽4、高6.75厘米。

Статуэтка «Лев и обезьяна», глина.
Длина 6,7 см, ширина 4 см, высота 6,75 см.

陶多孔器

残长8.8、高6.5、厚4.5厘米。

Глиняный предмет с отверстиями, фрагмент.

Длина 8,8 см, высота 6,5 см, толщина 4,5 см.

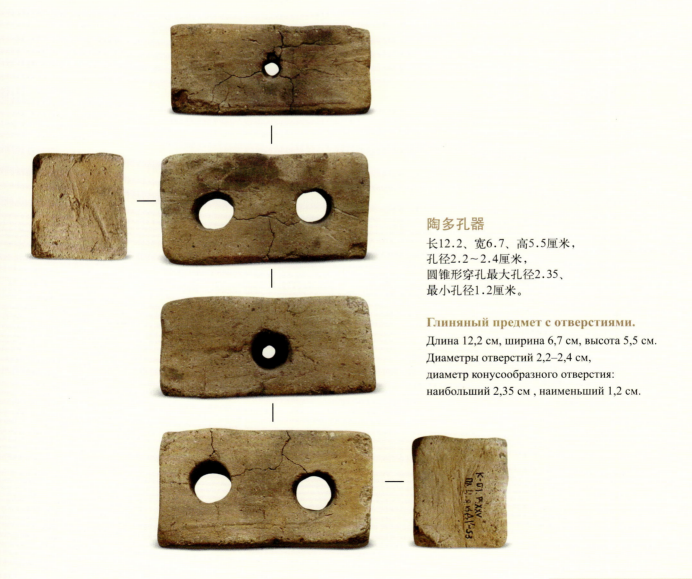

陶多孔器

长12.2、宽6.7、高5.5厘米，
孔径2.2～2.4厘米，
圆锥形穿孔最大孔径2.35、
最小孔径1.2厘米。

Глиняный предмет с отверстиями.

Длина 12,2 см, ширина 6,7 см, высота 5,5 см.
Диаметры отверстий 2,2–2,4 см,
диаметр конусообразного отверстия:
наибольший 2,35 см , наименьший 1,2 см.

陶环
直径4.3、宽2.1、厚1.1~1.5厘米。

Кольцо, глина.
Диаметр 4,3 см, ширина 2,1 см,
толщина 1,1 – 1,5.

 —  —

陶环
直径5.7、宽1.8、厚2.1厘米。

Кольцо, глина.
Диаметр 5,7 см, ширина 1,8 см, толщина 2,1 см .

 —

 —

石环
直径4、厚1.5厘米，
孔径1.5~1.8厘米。

Каменное кольцо.
Внешний диаметр 4 см, толщина 1,5 см,
внутренний 1,5 – 1,8 см.

152

铜带饰
长1.6、宽1.6、厚0.2厘米。

Нарсменная накладка, бронза.
Длина 1,6 см, ширина 1,6 см, толщина 0,2 см.

铜带铐
长1.8、宽1.5、厚0.75厘米。

Поясная накладка, бронза.
Длина 1,8 см, ширина 1,5 см,
толщина 0,75 см.

铜带卡
长2.75、宽2.6、厚0.3厘米。

Пряжка, бронза.
Длина 2,75 см, ширина 2,6 см, толщина 0,3 см.

铜带銙

长1.4、宽1.3、厚0.5厘米。

Наременная накладка, бронза.
Длина 1,4 см, ширина 1,3 см, толщина 0,5 см.

铜带銙

长1.8、宽2.5、厚0.4厘米。

Наременная накладка, бронза.
Длина 1,8 см, ширина 2,5 см, толщина 0,4 см.

铜带銙

长2.7、宽2.6、厚0.7厘米。

Наременная накладка, бронза.
Длина 2,7 см, ширина 2,6 см, толщина 0,7 см.

铜带銙

长3.1、宽2.6厘米。

Наременная накладка, бронза
Длина 3,1 см, ширина 2,6 см.

铜带铐
长2、宽1.45、厚0.7厘米。

Наременная накладка, бронза.
Длина 2 см, ширина 1,45 см, толщина 0,7 см.

铜带饰
长2、宽1.8厘米。

Наременная накладка, бронза.
Длина 2 см, ширина 1,8 см.

铜带饰
长3.5、宽1.2、厚0.4厘米。

Наременная накладка, бронза.
Длина 3,5 см, ширина 1,2 см,
толщина 0,4 см.

铜带饰

长1.4、宽1.4、厚0.3厘米。

Нагруменная накладка, бронза.

Длина 1,4 см, ширина 1,4 см, толщина 0,3 см.

铜带饰

长1.4、宽1.4、厚0.3厘米。

Нагруменная накладка, бронза.

Длина 1,4 см, ширина 1,4 см, толщина 0,3 см.

铜铊尾

长4.2、宽3.3厘米。

Накладка-наконечник, бронза.

Длина 4,2 см, ширина 3,3 см.

铜铊尾

长4.2、宽3.3厘米。

Накладка-наконечник, бронза.

Длина 4,2 см, ширина 3,3 см.

铜铊尾

长2.8、宽1.8、厚0.75厘米。

Наконечник ремня, бронза.

Длина 2,8 см, ширина 1,8 см, толщина 0,75 см

铜带饰

长3.7、宽2.5、厚0.4厘米。

Наременная накладка, бронза.

Длина 3,7 см, ширина 2,5 см, толщина 0,4 см.

铜环
直径1.3、宽0.5、厚0.3厘米。

Кольцо, бронза.
Диаметр 1,3 см, ширина 0,5 см, толщина 0,3 см.

铜环
直径1.3、宽0.5、厚0.3厘米。

Кольцо, бронза.
Диаметр 1,3 см, ширина 0,5 см, толщина 0,3 см.

鸟形铜饰件残片
长2.5、宽2、厚0.2～0.3厘米。

Нашивное украшение, бронза, фрагмент.
Длина 2,5 см, ширина 2 см, толщина 0,2 – 0,3 см.

铜铊尾
长6.8、宽1.8、厚0.8厘米。

Наконечник ремня, бронза.
Длина 6,8 см, ширина 1,8 см, толщина 0,8 см.

铜铃残件
直径1.4、残高1.6厘米。

Бубенчик, бронза.
Диаметр 1,4 см, высота сохранившейся части 1,6 см.

铜箍残件
残长1.9、残宽0.8、厚0.7厘米、铜片厚0.1厘米。

Обоймица, железо.
Длина 1,9 см, ширина 0,8 см, толщина 0,7 см,
толщина пластин 0,1 см.

铜泡饰
直径2、高0.7、厚0.2厘米。

Полусферическая накладка, бронза.
Диаметр 2 см, высота 0,7 см, толщина 0,2 см.

铜泡饰
直径2、高1.8、厚0.2厘米。

Полусферическая накладка, бронза.
Диаметр 2 см, высота 1,8 см, толщина 0,2 см.

菱形铜饰
长3.4、宽1.8、厚0.2厘米。

Ромбовидная накладка, бронза.
Длина 3,4 см, ширина 1,8 см, толщина 0,2 см.

花形铜饰件
直径1.9、厚0.3厘米。

Накладное украшение в виде цветка, бронза.
Диаметр 1,9 см, толщина 0,3 см.

铜饰件
高4、宽3.7、厚0.2厘米。

Нашивное украшение, бронза.
Высота 4 см, ширина 3,7 см, толщина 0,2 см.

铜镯残片

残长5.1、宽0.9、厚0.2厘米。

Фрагмент браслета, бронза.

Длина 5,1 см, ширина 0,9 см, толщина 0,2 см.

铜镯残片

直径约7、宽0.7、厚0.1～0.2厘米。

Фрагмент браслета, бронза.

Диаметр около 7 см, ширина 0,7 см, толщина 0,1–0,2 см.

铜头光残片
长3.9、宽3.8、厚0.5厘米。

Деталь нимба буддийской статуэтки, бронза.
Длина 3,9 см, ширина 3,8 см, толщина 0,5 см.

铜造像手部残片
残长5.3、宽1.9、厚1.2厘米。

Кисть руки статуэтки, бронза.
Длина 5,3 см, ширина 1,9 см, толщина 1,2 см.

 —  —

铜钗残件

钗头残长3.8、宽3.7厘米。

Навершие шпильки, бронза.
Длина 3,8 см, ширина 3,7 см.

 —

铜钗残件

残长5.6、宽4.4、厚1.2厘米。

Навершие шпильки, бронза.
Длина 5,6 см, ширина 4,4 см, толщина 1,2 см.

鎏金铜钗残件
残长高5、宽5.2、厚1.8厘米。

Навершие шпильки, бронза с позолотой.
Длина 5 см, ширина 5,2 см, толщина 1,8 см.

鎏金铜戒指
宽1.2、厚0.2厘米。

Перстень, бронза с позолотой.
Ширина 1,2 см, толщина 0,2 см.

鎏金铜帽钉

直径1.9、厚0.3厘米。

Гвоздь декоративный, бронза с позолотой.
Диаметр 1,9 см, толщина 0,3 см.

鎏金铜帽钉

直径1.7、厚0.2厘米。

Гвоздь декоративный, бронза с позолотой.
Диаметр 1,7 см, толщина 0,2 см.

鎏金铜帽钉

直径2、厚0.2厘米。

Гвоздь декоративный, бронза с позолотой.
Диаметр 2 см, толщина 0,2 см.

鎏金铜帽钉

直径2.1、厚0.2厘米。

Гвоздь декоративный, бронза с позолотой.
Диаметр 2,1 см, толщина 0,2 см.

鎏金铜菩萨像
高10.7、宽2.3、厚1.45厘米。

Статуэтка Боддисатвы, бронза с позолотой.
Высота 10,7 см, ширина 2,3 см, толщина 1,45 см.

鎏金铜菩萨像
高6.8、宽2.3、厚0.4厘米。

Статуэтка Боддисатвы, бронза с позолотой.
Высота 6,8 см, ширина 2,3 см, толщина 0,4 см.

鎏金铜佛座
直径3.5～3.7、厚0.3厘米，
穿孔直径1.2～1.5厘米。

Пьедестал буддийской статуэтки, бронза с позолотой.
Диаметр 3,5–3,7 см, толщина 0,3 см,
диаметр отверстия 1,2–1,5 см.

鎏金铜佛座
高3.7厘米，直径6.9厘米。

Пьедестал буддийской статуэтки, бронза с позолотой.
Диаметр 6,9 см, высота 3,7 см.

俄罗斯滨海边疆区渤海文物集粹

鎏金铜环
直径2.7、宽0.4、厚0.2厘米。

Кольцо с пробоем, бронза с позолотой.
Диаметр 2,7 см, ширина 0,4 см, толщина 0,2 см.

鎏金铜铃
高2.75、厚2.7~2.8厘米。

Бубенчик, бронза с позолотой.
Высота 2,75 см, толщина 2,7–2,8 см.

鎏金铜带銙
长2.8、宽2.4、厚0.5厘米。

Наременная накладка, бронза с позолотой.
Длина 2,8 см, ширина 2,4 см, толщина 0,5 см.

铁刀
通长22.3、宽1.2～2.7、厚0.6厘米，
柄长4.4厘米，格宽3、厚1.9厘米。

Нож, железо.
Общая длина 22,3 см, ширина 1,2 – 2,7 см,
толщина 0,6 см, длина насада рукоятки 4,4 см,
ширина обоймицы 3 см, её толщина 1,9 см.

铁刀
通长23、宽2.2厘米，柄长6.6厘米。

Нож, железо.
Общая длина 23 см, ширина 2,2 см,
длина насада рукоятки 6,6 см.

铁镞
长6.5、宽1.6厘米。

Наконечник стрелы, железо.
Длина 6,5 см, ширина 1,6 см.

铁镞
通长5.9、宽1.6、
厚0.6厘米，铤长1.8厘米。

Наконечник стрелы, железо.
Общая длина 5,9 см,
ширина 1,6 см, толщина 0,6 см,
длина насада 1,8 см.

铁镞
通长6.2、宽1.5厘米，
铤残长1.1厘米。

Наконечник стрелы, железо.
Общая длина 6,2 см, ширина 1,5 см,
длина насада 1,1 см.

铁镞
通长6.6、宽2.3、
厚0.4厘米，铤长1.8厘米。

Наконечник стрелы, железо.
Общая длина 6,6 см, ширина 2,3 см,
толщина 0,4 см, длина насада 1,8 см.

铁镞（有木质残迹）
通长7.7、宽2.1、厚0.3～0.7厘米，刃长4.1厘米。

Наконечник стрелы с остатками древесины, железо.
Общая длина 7,7 см, ширина 2,1 см,
толщина 0,3–0,7 см, длина пера 4,1 см.

铁镞

通长5.8厘米，刃长3.2、宽0.8～1厘米，
铤截面长0.4、宽0.3厘米。

Наконечник стрелы, железо.
Общая длина 5,8 см, длина пера 3,2 см,
ширина 0,8 –1 см,
толщина черешка 0,3–0,4 см.

铁镞

通长6.9、宽3.6、厚0.4厘米，铤长2.3厘米。

Наконечник стрелы, железо.
Общая длина 6,9 см, ширина 3,6 см,
толщина 0,4 см, длина насада 2,3 см.

铁镞

通长6.4厘米，刃长3.9、宽1.4、厚0.4厘米。

Наконечник стрелы, железо.
Общая длина 6,4 см, длина пера 3,9 см,
ширина 1,4 см, толщина 0,4 см.

铁风铃
长11.5、宽12.2、高10.6厘米。

Ветровой колоколец, чугун.
Длина 11,5 см, ширина 12,2 см, высота 10,6 см.

铁风铃
长12.2、宽14.4、高16.4厘米。

Ветровой колоколец, чугун.
Длина 12,2 см, ширина 14,4 см, высота 16,4 см.

铁风铃
长13.4、宽11.2、高14.3厘米。

Ветровой колоколец, чугун.
Длина 13,4 см, ширина 11,2 см, высота14,3 см.

环钉

通高3.9厘米，顶部高2厘米、下部长3.7厘米，末端厚0.5、宽0.4厘米。

Пробой, железо.

Высота 3,9 см, высота головки 2 см, длина отогнутой части конца 3,7 см, толщина 0,5 см, ширина концов 0,4 см.

—

铁销钉

通长10.5厘米，顶部宽4.5厘米，轴宽2.7、厚1.4厘米。

Чека тележной оси, чугун.

Общая длина 10,5 см, ширина головки 4,5 см, ширина стержня 2,7 см, толщина 1,4 см.

铁车軎

直径7.4、长3.7、厚0.8厘米。

Втулка ступицы тележного колеса, чугун.
Диаметр 7,4 см, длина 3,7 см, толщина 0,8 см.

铁车軎

直径7.8、长3.5、厚0.9厘米。

Втулка ступицы тележного колеса, чугун
Диаметр 7,8 см, длина 3,5 см, толщина 0,9 см.

铁饰件

长2.2、宽2.1、厚0.1厘米。

Пластина-нашивка, железо.

Длина 2,2 см, ширина 2,1 см, толщина 0,1 см.

花萼形铁饰件

直径3、厚0.4厘米。

Накладка в форме чашечки цветка, железо.

Диаметр 3 см, толщина 0,4 см.

铁钥匙

长32.7、宽1.2～2、
厚0.4～0.9厘米，环直径2.7厘米。

Ключ, железо.

Длина 32,7 см, ширина 1,2 – 2 см,
толщина 0,4 – 0,9 см, диаметр петли 2,7 см.

铁箍

长2.2、宽1、厚1.5厘米，铁片厚0.1厘米。

Обоймица, железо.

Длина 2,2, ширина 1 см, толщина 1,5 см,
толщина пластин 0,1 см.

铁镰
长14.5、宽3厘米，刃厚0.6厘米。

Серп, железо.
Длина 14,5 см, ширина 3 см,
толщина лезвия 0,6 см.

铁锄（？）残片
残高33、残宽32、
厚1～3.5厘米。

Мотыга (?), железо, фрагмент.
Высота 33 см, ширина 32,
толщина 1–3,5 см.

铁碗

口径8.7～9、高4、底径6厘米。

Чаша, чугун.

Диаметр венчика 8,7– 9 см ,
высота 4 см, диаметр дна 6 см.

铁碗

口径9.3、高 4.4、底径5.7厘米。

Чаша, чугун.

Диаметр венчика 9,3 см,
высота 4,4 см, диаметр дна 5,7 см.

玛瑙串珠
直径0.7～0.8厘米，孔径0.2厘米。

Бусина, сердолик.
Диаметр 0,7–0,8 см,
диаметр отверстия 0,2 см.

玛瑙串珠
直径0.8厘米，孔径0.1厘米。

Бусина, сердолик.
Диаметр 0,8 см,
диаметр отверстия 0,1 см.

角质鸣镝毛坯
长4.5厘米，直径1.1～2.9厘米。

Заготовка свистунка стрелы, рог.
Длина 4,5 см, диаметр 1,1– 2,9 см.

渤海三彩残片
残长8.9、残宽6.5、厚0.9厘米。

Фрагмент стенки сосуда со свинцовой полихромной глазурью сорта «бохайский саньцай».
Длина 8,9 см, ширина 6,5 см, толщина 0,9 см.

俄罗斯滨海边疆区渤海文物集粹

石佛像残片
残高11.7、残宽8.8、厚4.8厘米。

Фигурка Будды, фрагмент, камень.
Высота 11,7 см, ширина 8,8 см, толщина 4,8 см.

石球
直径2.3厘米。

Шарик, камень.
Диаметр 2,3 см.

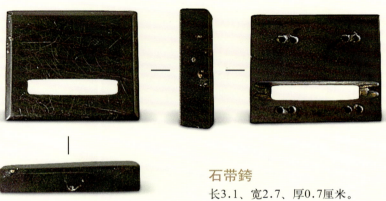

石带銙
长3.1、宽2.7、厚0.7厘米。

Поясная накладка, камень.
Длина 3,1 см, ширина 2,7 см, толщина 0,7 см.

鸳鸯形石器盖
长5.3、宽2.5、厚0.7厘米。

Крышка в форме уточки, камень.
Длина 5,3 см, ширина 2,5 см, толщина 0,7 см.

水晶串珠

直径2.5、残存厚度1.3厘米。

Бусина, горный хрусталь.

Диаметр 2,5 см, толщина фрагмента 1,3 см.

木梳残片

残高3、厚0.8厘米，梳齿厚0.07~0.1厘米。

Фрагмент гребня, дерево.

Высота фрагмента 3 см, толщина 0,8 см, толщина зубьев 0,07 – 0,1 см.

木碗

口径6.5~7.1、高6.4厘米，
圈足高1.2、直径3.8~4.2厘米。

Сосуд, дерево.

Диаметр венчика 6,5–7,1 см, высота 6,4 см,
высота поддона 1,2 см, диаметр поддона 3,8–4,2 см .

2．尼古拉耶夫斯科耶2号城址
Городище Николаевское-2

陶罐

残高13.8、颈部直径8.7、腹径18.5、底径9.5厘米。

Вазовидный сосуд, керамика.
Диаметр горловины 8,7 см,
высота 13,8 см, диаметр тулова 18,5 см,
диаметр дна 9,5 см.

陶罐

口径17.9、高26.5、腹径17.7、底径9.4厘米。

Сосуд, керамика.
Диаметр венчика 17,7 см, высота 26,5 см, диаметр тулова
17,9, диаметр дна 9,4 см.

双耳陶罐
口径18、高16.6、腹径22.5、底径13.8厘米。

Горшок с горизонтальными ленточными ручками, керамика.
Диаметр венчика 18 см, высота 16,6 см, диаметр тулова 22,5 см, диаметр дна 13,8 см.

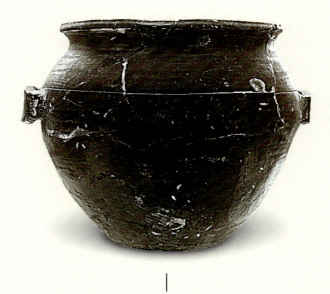

双耳陶罐
口径18.2、高18、腹径20.5、底径10.2厘米。

Горшок с горизонтальными ленточными ручками, керамика.
Диаметр венчика 18,2 см, высота 18 см, диаметр тулова 20,5 см, диаметр дна 10,2 см.

陶串珠
直径1～2.5厘米。

Бусы, глина.
Диаметры 1 – 2,5 см.

陶多孔器
长8、宽7.3、残高5.6厘米。

Предмет с отверстиями, фрагмент, глина.
Длина 8 см, ширина 7,3 см, высота фрагмента 5,6 см.

铜带銙
长1.9、宽1.6、厚0.6厘米。

Наременная накладка, бронза.
Длина 1,9 см, ширина 1,6 см, толщина 0,6 см.

铜带銙
长2.3、宽1.7、厚0.3厘米。

Наременная накладка, бронза.
Длина 2,3 см, ширина 1,7 см, толщина 0,3 см.

铜带卡
长2.5、宽1.9、厚0.9厘米。

Пряжка, бронза.
Длина 2,5 см, ширина 1,9 см, толщина 0,9 см.

铜串珠
直径0.9、厚0.2厘米。

Бусина (пронизка), бронза.
Диаметр 0,9 см, толщина 0,2 см.

铜戒指
直径2.2、宽1.2、厚0.2厘米。

Перстень, бронза.
Диаметр 2,2 см, ширина 1,2 см, толщина 0,2 см.

铜戒指
直径2.5、宽1.2、厚0.2厘米。

Перстень, бронза.
Диаметр 2,5 см, ширина 1,2 см, толщина 0,2 см.

俄罗斯滨海边疆区渤海文物集粹

铜带饰

长1.1、宽1.1、厚0.4厘米。

Наременная накладка, бронза.
Длина 1,1 см, ширина 1,1 см, толщина 0,4 см.

鎏金铜带饰

长1.6、宽0.6、厚0.2厘米。

Наременная накладка, бронза с позолотой.
Длина 1,6 см, ширина 0,6 см, толщина 0,2 см.

铜铃

高2.9、宽1.9、厚1.5厘米。

Бубенчик, бронза.
Высота 2,9 см, ширина 1,9 см, толщина 1,5 см.

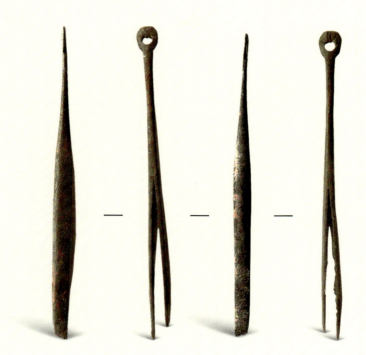

铜镊子
长8.6、宽0.5、厚0.2厘米。

Пинцет, бронза.
Длина 8,6 см, ширина 0,5 см, толщина 0,2 см.

铜质提梁
长15.1、截面直径0.5厘米。

Ручка-дужка, бронза.
Длина 15,1 см, диаметр 0,5 см.

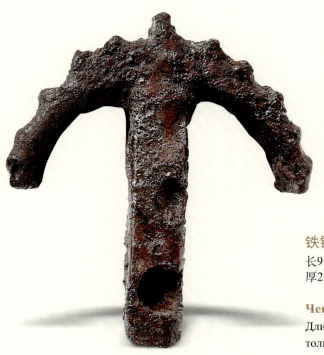

铁销钉
长9、宽7.6厘米，轴宽1.5、
厚2.9厘米，穿孔直径0.5厘米。

Чека тележной оси, чугун.
Длина 9 см, ширина 7,6 см, ширина стержня 1,5 см,
толщина 2,9 см, диаметр отверстия 0,5 см.

铁刨刀
高9.6、宽10、厚1.2厘米。

Струг, железо.
Высота 9,6 см, ширина 10 см, толщина 1,2 см.

铁斧
长13.5、宽4.7～6.5、厚3.2厘米。

Топор, железо.
Длина 13,5 см, ширина 4,7 – 6,5 см, толщина 3,2 см.

铁镰
长10.2、宽2.2、厚0.3厘米。

Серп, железо.
Длина 10,2 см, ширина 2,2 см, толщина 0,3 см.

施纹骨板残片
残长5.5、宽1.5、厚0.2厘米，孔径0.4厘米。

Накладка с орнаментом, фрагмент, кость.
Длина 5,5 см, ширина 1,5 см, толщина 0,2 см, диаметр отверстия 0,4 см.

施纹骨板
长9.9、宽0.7~1.2、厚0.2厘米。

Пластина-накладка с орнаментом, кость.
Длина 9,9 см, ширина 0,7 – 1,2 см, толщина 0,2 см.

施纹骨板

长6.2、宽1.1、厚0.1厘米。

Накладка орнаментированная, фрагмент, кость.

Длина 6,2 см, ширина 1,1 см, толщина 0,1 см.

骨马镳

长10.4厘米，直径1.2厘米，
孔径0.5厘米。

Псалий, кость.

Длина10,4 см, диаметр 1,2 см,
диаметр отверстий 0,5 см.

骨马镳残片

残长7.6、宽3、
厚1.6厘米，孔径0.5厘米。

Псалий, фрагмент, кость.

Длина 7,6 см, ширина 3 см,
толщина 1,6 см,
диаметр отверстий 0,5 см.

俄罗斯滨海边疆区渤海文物集粹

骨器
长3.7、宽1.5、厚0.6厘米。

Изделие из кости.
Длина 3,7 см, ширина 1,5 см, толщина 0,6 см.

骨质坠饰
长4.7、宽1.1，厚0.6厘米。

Декоративная подвеска, кость.
Длина 4,7 см, ширина 1,1 см, толщина 0,6 см.

珠母饰件

直径1～1.1、厚0.3厘米。

Украшение, перламутр.

Диаметр 1 – 1,1 см,
толщина 0,3 см.

货贝饰件

长1.7～1.9、宽1.3～1.5、
厚0.3～0.4厘米。

Украшения из раковин каури.

Длина 1,7 – 1,9 см, ширина 1,3 – 1,5,
толщина 0,3 – 0,4 см.

货贝饰件

长2.1、宽1.6、厚0.8厘米。

Украшение из раковины-каури.

Длина 2,1 см, ширина 1,6 см, толщина 0,8 см.

贝壳坠饰

长5、宽4、厚1.7厘米。

Раковина-подвеска.

Длина 5 см, ширина 4 см,
толщина 1,7 см.

玉环

直径2、宽0.5、厚0.2厘米。

Кольцо, халцедон.

Диаметр 2 см, ширина 0,5 см, толщина 0,2 см.

玉环

直径3.6、厚0.2厘米，孔径1.6厘米。

Кольцо, камень.

Диаметр 3,6 см, толщина 0,2 см, диаметр отверстия 1,6 см.

玉环残片

残长4.5、宽2、厚0.3厘米。

Фрагмент кольца, нефрит.

Длина 4,5 см, ширина 2 см, толщина 0,3 см.

石耳珰
直径2.1、厚0.3厘米，孔径0.2厘米。

Диск, деталь серьги, камень.
Диаметр 2,1 см, толщина 0,3 см, диаметр отверстия 0,2 см.

石带銙残片
残长4.4、宽1.1、厚0.8厘米。

**Фрагмент наременной
накладки, камень.**
Длина 4,4 см, ширина 1,1 см,
толщина 0,8 см.

陶罐

口径14、高17.2、腹径16.4、底径9.1厘米。

Сосуд, керамика.

Диаметр венчика 14 см, высота 17,2 см, диаметр тулова 16,4 см, диаметр дна 9,1 см.

陶碗残件
残高3.9厘米。

Чаша , керамика, фрагмент.
Высота 3,9 см.

陶罐
口径15、高12.2、
腹径17.2、底径10.2厘米。

Сосуд, керамика.
Диаметр венчика 15 см ,
высота 12,2 см
диаметр тулова 17,2 см,
диаметр дна 10,2 см.

俄罗斯滨海边疆区渤海文物集粹

“十”字形印纹陶钵残片
残高6.4、壁厚0.5厘米。

Миска с орнаментом в виде круглых оттисков с крестом внутри, керамика, фрагмент.
Высота фрагмента 6,4 см, толщина стенок 0,5 см.

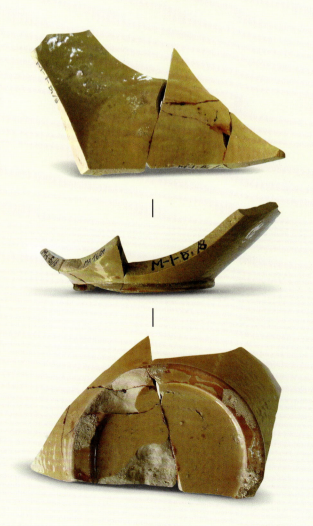

越窑瓷碗底
残高3.2厘米，圈足直径6.8厘米。

Нижняя часть глазурованной чаши сорта юэяо.
Дысота фрагмента 3,2 см. диаметр кольцевого поддона 6,8 см,

鸟纹骨板

残长10.2、宽1.4、厚0.1厘米，孔径0.2厘米。

Пластина-накладка с изображением птиц, кость.

Длина 10,2 см, ширина 1,4 см, толщина 0,1 см, диаметр отверстия 0,2 см.

蛇纹骨板

长10.6、宽1.5、厚0.2厘米，孔径0.3厘米。

Пластина-накладка с орнаментом змеи, кость.

Длина 10,6 см, ширина 1,5 см, толщина 0,2 см, диаметр отверстий 0,3 см.

4. 新戈尔杰耶夫斯科耶城址
Новогордеевское городище

鎏金铜饰
残长1.5、宽1.4、厚0.1厘米。

Украшение, бронза с позолотой.
Длина 1,5 см, ширина 1,4 см, толщина 0,1 см.

铜带饰
长2.9、宽1.9、厚0.6厘米。

Наременная накладка, бронза.
Длина 2,9 см, ширина 1,9 см, толщина 0,6 см.

石耳珰
直径2、厚0.4厘米，孔径0.5厘米。

Кольцо, деталь серьги, камень.
Диаметр 2 см, диаметр отверстия 0,5 см, толщина 0,4 см.

石环残片
残长3.9、宽1.4、厚0.2厘米。

Фрагмент кольца, камень.
Длина 3,9 см, ширина 1,4 см, толщина 0,2 см.

5．戈尔巴特卡城址
Городище Горбатка

陶坩埚

口径2厘米，高1.5厘米。

Льячка, керамика.
Диаметр венчика 2 см, высота 1,5 см.

陶碗

口径3.3、高3.5、底径2.5厘米。

Миниатюрный сосуд, керамика.
Диаметр венчика 3,3 см, высота 3,5 см,
диаметр дна 2,5 см.

陶碗

口径3.3、高3.5、底径2.5厘米。

Миниатюрный сосуд, керамика.
Диаметр венчика 3,3 см,
высота 3,5 см, диаметр дна 2,5 см.

陶坩埚
口径4.6、高2.7、底径3.5厘米。

Льячка, керамика.
Диаметр венчика 4,6 см, высота 2,7 см,
диаметр дна 3,5 см.

—

陶坩埚
口径3.5～4、高5.5厘米。

Льячка, керамика.
Диаметр венчика 3,5 – 4 см, высота 5,5 см.

陶坩埚

口径2.2～3.3、宽、高1.5厘米。

Льячка, керамика.
Диаметр устья 2,2 – 3,3 см, высота 1,5 см.

陶坩埚

口径3.6～3.8、高3.5厘米，底厚约0.8厘米。

Льячка, керамика.
Диаметр 3,6 – 3,8 см, высота 3,5 см, толщина стенки около 0,8 см.

陶纺轮

直径2.3～2.5、厚0.5厘米，孔径0.5厘米。

Пряслице, глина.

Диаметр 2,3 – 2,5 см, толщина 0,5 см, диаметр отверстия 0,5 см.

陶纺轮

通高1.7厘米，上部直径2.5～2.8厘米，
下部直径3.3～3.5厘米。

Пряслице, глина.

Высота 1,7 см, диаметр вверху 2,5 – 2,8 см,
внизу 3,3 – 3,5 см.

陶球
直径2.2厘米。

Шарик, глина.
Диаметр 2,2 см.

长方形陶片（以陶器残片磨制而成）
长3.5、宽2.5、厚0.9厘米。

Плитка, выточенная из стенки сосуда, керамика.
Длина 3,5 см, ширина 2,5 см, толщина 0,9 см.

陶多孔器

残长6.6、残宽5.4、厚5厘米，孔径约2.1厘米。

Предмет с отверстиями, фрагмент, глина.
Длина 6,6 см, ширина 5,4 см, толщина 5 см,
диаметры отверстий около 2,1 см.

陶多孔器

残长5.9、残宽5.8、厚5.8厘米，孔径1.5~2厘米。

Предмет с отверстиями, фрагмент, глина.
Длина 5,9 см, ширина 5,8 см, толщина 5,8 см,
диаметры отверстий 1,5 – 2 см.

陶串珠
直径0.6～0.7、
厚0.5厘米，孔径 0.2厘米。

Бусина, глина.
Диаметр 0,6 – 0,7 см, толщина 0,5 см,
диаметр отверстия 0,2 см.

陶串珠
直径0.6～1厘米。

Бусы, глина.
Диаметры 0,6 – 1 см.

陶串珠
长3、宽1、厚0.9厘米。

Бусина, глина.
Длина 3 см, ширина 1 см,
толщина 0,9 см.

陶串珠
直径0.6～0.8、高0.5厘米。

Бусы, глина.
Диаметры 0,6 – 0,8 см,
высота 0,5 см.

陶串珠
直径1.4、宽0.9厘米，孔径0.3厘米。

Бусина, глина.
Диаметр 1,4 см, ширина 0,9 см,
диаметр отверстия 0,3 см.

 —

 —

陶串珠
直径1.5、
高1.3厘米。

Бусина, глина.
Диаметр 1,5 см,
высота 1,3 см.

陶串珠

1.直径2.1、厚1.2～1.4厘米，孔径0.4厘米。
2.长1.8、宽1.4、厚1.4厘米，孔径0.4厘米。

Бусы, глина.

1.Диаметр 2,1 см, толщина 1,4 – 1,2 см, диаметр отверстия 0,4 см.
2.Длина 1,8 см, ширина 1,4 см, толщина 1,4 см, диаметр отверстия 0,4 см.

1   2

心形铜带饰
长1.7、宽1.5、厚0.3厘米。

Наременная накладка в форме сердца, бронза.
Длина 1,7 см, ширина 1,5 см, толщина 0,3 см.

铜带銙
长2、宽1.5、厚1厘米。

Наременная накладка, бронза.
Длина 2 см, ширина 1,5 см, толщина 1 см.

铜带饰
长2.8、宽1.9、厚1厘米。

Наременная накладка-наконечник, бронза.
Длина 2,8 см, ширина 1,9 см, толщина 1 см.

铜帽钉

通长1.1厘米，钉帽直径0.9厘米，钉身长0.9厘米。

Гвоздь с круглой шляпкой, бронза.
Общая длина 1,1 см, диаметр шляпки 0,9 см,
длина без шляпки 0,9 см.

铜帽钉

直径2.2~2.3、厚0.4厘米。

Шляпка гвоздя, бронза.
Диаметр 2,2 – 2,3 см, толщина 0,4 см.

铁带饰（？）

长4.4、宽1.9、厚0.2厘米。

Нарéменная накладка (?), железо.

Длина 4,4 см, ширина 1,9 см, толщина 0,2 см.

铁甲片残片

残长6、宽3.9、厚0.15厘米。

Панцирная пластина, фрагмент, железо.

Длина фрагмента 6 см, ширина 3,9 см, толщина 0,15 см.

铁甲片残片
残长11.6、宽3.8、厚0.1厘米。

Панцирная пластина, железо.
Длина фрагмента 11,6 см, ширина 3,8 см, толщина 0,1 см.

铁甲片残片
长12.9、宽3.9、厚0.1厘米。

Панцирная пластина, железо.
Длина 12,9 см, ширина 3,9 см, толщина 0,1 см.

铁镞

残长5、宽1.2、厚0.4厘米，刃长3.7厘米。

Наконечник стрелы, железо.

Сохранившаяся длина 5 см, ширина 1,2 см,
толщина 0,4 см, длина головки 3,7 см.

铁镞

通长7.9、宽1.5、厚0.4厘米，刃长4.9厘米。

Наконечник стрелы, железо.

Общая длина 7,9 см, ширина 1,5 см,
толщина 0,4 см, длина пера 4,9 см.

铁镞

通长7.2、宽0.8~1.2、
厚0.45厘米，刃长4.5厘米。

Наконечник стрелы, железо.

Общая длина 7,2 см, ширина 0,8 – 1,2 см,
толщина 0,45 см, длина головки 4,5 см.

铁镞

通长5.2、宽1.3、厚0.3厘米，刃长3.5厘米。

Наконечник стрелы, железо.
Общая длина 5,2 см, ширина 1,3 см,
толщина 0,3 см, длина головки 3,5 см.

铁镞

通长7.4、宽3.2、厚1.2厘米，铤长3.8厘米。

Наконечник стрелы, железо.
Общая длина 7,4 см, ширина 3,2 см,
толщина 1,2 см, длина насада 3,8 см.

铁镞

通长7.4、宽1.2、厚0.4厘米，刃长4.7厘米。

Наконечник стрелы, железо.
Общая длина 7,4 см, ширина 1,2 см, толщина 0,4 см, длина головки 4,7 см.

铁镞

通长8.9、宽1.1、厚0.7厘米，刃长5.5厘米。

Наконечник стрелы, железо.

Общая длина 8,9 см, ширина 1,1 см,
толщина 0,7 см, длина головки 5,5 см.

铁镞

通长11.4、宽1厘米，刃长6.8厘米。

Наконечник стрелы, железо.

Общая длина 11,4 см, ширина 1 см,
длина головки 6,8 см.

铁刀
残长13.1、宽1.3、厚0.4厘米。

Нож, железо.
Длина фрагмента 13,1 см, ширина 1,3 см, толщина 0,4 см.

铁镞
通长8.9、宽1.5、厚0.7厘米，刃长5.9厘米。

Наконечник стрелы, железо.
Общая длина 8,9 см, ширина 1,5 см,
толщина 0,7 см, длина головки 5,9 см.

铁刀

长13.6、宽1.3、厚0.4厘米。

Нож, железо.

Длина 13,6 см, ширина 1,3 см, толщина 0,4 см.

铁钻（？）

长11.7、厚0.3厘米，刃宽0.4厘米。

Сверло (?), железо.

Длина 11,7 см, толщина 0,3 см, ширина острия 0,4 см.

铁镊子

残长9.5、宽0.7厘米。

Пинцет, железо.

Длина фрагмента 9,5 см, ширина 0,7 см.

铁钥匙

长17.1、宽1.3、厚0.6厘米。

Ключ, железо.

Длина 17,1 см, ширина 1,3 см, толщина 0,6 см.

铁钥匙

长10.9、厚0.45厘米，环直径0.9厘米。

Ключ, железо.

Длина 10,9 см, толщина 0,45 см, диаметр кольца 0,9 см.

铁扒锔
高6.4、宽6.2、厚0.7厘米。

Скоба, железо.
Высота 6,4 см,
ширина 6,2 см, толщина 0,7 см.

铁鱼钩
长3.6、最大厚度0.3厘米。

Крючок рыболовный, железо.
Длина 3,6, максимальная толщина 0,3 см.

铁钉
长5.5、厚0.4厘米。

Гвоздь, железо.
Длина 5,5 см, толщина 0,4 см.

铁鞋钉或蹄钉
长2.5、宽2.2、厚0.4厘米。

Шип, железо.
Длина 2,5 см, ширина 2,2 см,
толщина 0,4 см.

铁鞋钉或蹄钉
高3.9、宽4.2、最大厚度 2.3厘米。

Шип, железо.
Высота 3,9 см, ширина 4,2 см, наибольшая толщина 2,3 см.

铁质炉门边饰
宽13.3、厚0.8~1.6厘米。

Фрагмент обрамления устья печи, чугун.
Ширина 13,3 см, толщина 0,8 – 1,6 см.

一

铁凿
长23.6、宽4.2、高3.7厘米。

Долото, железо.
Длина 23,6 см, ширина 4,2 см, высота 3,7 см.

鱼鳃骨坠饰
长1.5、最大宽1.5、厚0.1厘米。

Подвеска из жаберной крышки рыбы.
Длина 1,5 см, наибольшая ширина 1,5 см , толщина 0,1 см.

贝壳坠饰
长1.5、最大宽1.4、厚0.2厘米。

Подвеска из раковины.
Длина 1,5 см, наибольшая ширина 1,4 см, толщина 0,2 см.

骨簪残段

残长6.5厘米，直径0.6厘米。

Фрагмент заостренного стержня, кость.
Длина 6,5 см, диаметр 0,6 см.

—

角质坠饰　　**Подвеска из рога.**
通长14.1。　　Длина 14,1 см.

骨镞

长5.2厘米，直径1.5厘米。

Наконечник стрелы, кость.
Длина 5,2 см, диаметр 1,5 см.

骨质鸣镝

残长4.3、宽2.2厘米。

Свистунок стрелы, кость.
Длина 4,3 см, ширина 2,2 см.

骨镞
残长6.2、宽1.4、厚0.8厘米。

Наконечник стрелы, кость.
Длина фрагмента 6,2 см,
ширина 1,4 см, толщина 0,8 см.

骨镞
长8.6厘米，刀宽1.5、
厚0.5厘米，铤宽0.6、厚0.5厘米。

Наконечник стрелы, кость.
Длина 8,6 см, ширина пера 1,5,
толщина пера 0,5 см, ширина насада 0,6, толщина 0,5 см.

骨镞

长8.3厘米，刃宽1.6、厚0.7厘米，
铤宽0.8、厚0.5厘米。

Наконечник стрелы, кость.

Длина 8,3 см, ширина пера 1,6 см, толщина пера 0,7 см,
ширина черенка 0,8 см, толщина черенка 0,5 см.

骨镞

长7.6厘米，刃宽1.7、
厚0.7厘米，铤宽0.9、厚0.5厘米。

Наконечник стрелы, кость.

Длина 7,6 см, ширина пера 1,7 см,
толщина пера 0,7 см, ширина черенка 0,9 см,
толщина черенка 0,5 см.

骨镞

通长7.6厘米，刃长5.5、宽1.6、
厚0.9厘米，铤宽0.7、厚0.4厘米。

Наконечник стрелы, кость.

Общая длина 7,6 см, длина пера 5,5 см,
ширина пера 1,6 см, толщина пера 0,9 см,
ширина черенка 0,7 см, толщина черенка 0,4 см.

骨镞

通长10.7厘米，刃长6.3、宽1.9、
厚0.8厘米，铤宽1.2、厚0.7厘米。

Наконечник стрелы, кость.
Общая длина 10,7 см, длина пера 6,3 см,
ширина пера 1,9 см, толщина пера 0,8 см,
ширина черенка 1,2 см, толщина черенка 0,7 см.

骨镞

通长10厘米，刃长4.1、宽1.4、
厚0.7厘米，铤宽1、厚1厘米。

Наконечник стрелы, кость.
Общая длина 10 см, длина пера 4,1 см,
ширина пера 1,4 см, толщина пера 0,7 см,
ширина черенка 1 см, толщина черенка 1 см.

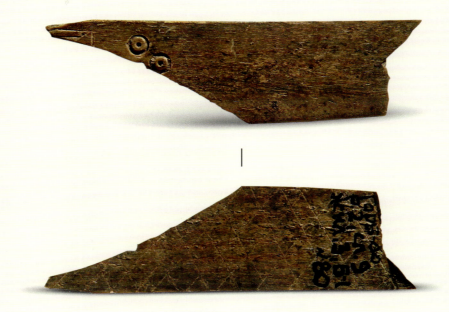

施纹骨板残片
残长5.4、宽1.5、厚0.1厘米。

Пластина с орнаментом, фрагмент, кость.
Длина 5,4 см, ширина 1,5 см, толщина 0,1 см.

施纹骨板残片
残长6.8、宽1.1、厚0.2厘米。

Пластина с орнаментом, фрагмент, кость.
Длина 6,8 см, ширина 1,1 см, толщина 0,2 см.

骨板残片

残长4.6、宽1.3、厚0.2厘米。

Пластина, фрагмент, кость.
Длина фрагмента 4,6 см,
ширина 1,3 см, толщина 0,2 см.

骨刀柄

长8.5、宽1.6、厚1.5厘米。

Ручка ножа, кость.
Длина 8,5 см, ширина 1,6 см, толщина 1,5 см.

骨质鸣镝毛坯
长4、直径1.9厘米。

Заготовка свистунка стрелы, кость.
Длина 4 см, диаметр 1,9 см.

玉管
长2.6厘米，直径0.7厘米，孔径0.2厘米。

Бусина, халцедон.
Длина 2,6 см, диаметр 0,7 см, диаметр отверстия 0,2 см.

玉管
长2.7厘米，直径1.1厘米，孔径0.4厘米。

Бусина, халцедон.
Длина 2,7 см, диаметр 1,1 см, диаметр отверстия 0,4 см.

砺石
长18.6、宽1.6、厚1.1厘米。

Точильный камень.
Длина 18,6 см, ширина 1,6 см, толщина 1,1 см.

石网坠（鱼漂？）
长5.3、宽 3.3~4、高3厘米。

Грузило (поплавок?), пемза.
Длина 5,3 см, длирина 3,3 – 4 см , высота 3 см.

石权
高19.1、直径17厘米。

Гиря, камень.
Высота 19,1 см, диаметр 17 см.

绳
长2.6、直径0.6厘米。

Фрагмент веревки.
Длина 2,6 см, диаметр 0,6 см.

6. 斯塔罗列切斯科耶城址
Старореченское городище

花形铜饰件
直径2.3、厚0.2厘米。

Украшение в виде цветка, бронза.
Диаметр 2,3 см, толщина 0,2 см.

第二部分

渤海时期遗存

Вторая часть. Археологические
материалы бохайского времени.

一、村落址 Поселение

1．青石崖村落址
Поселение Синие Скалы

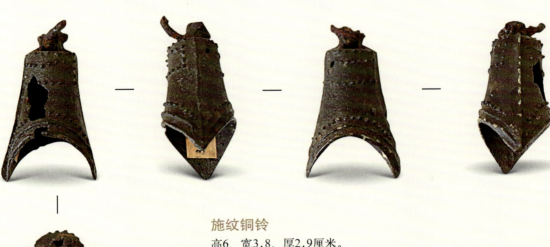

施纹铜铃
高6、宽3.8、厚2.9厘米。

Бронзовый колоколец с орнаментом.
Высота 6 см, ширина 3,8 см, толщина 2,9 см.

施纹铜铃
高5、宽 3.2、厚1.7厘米。

Бронзовый колоколец с орнаментом.
Высота 5 см, ширина 3,2 см, толщина 1,7 см.

花形铜坠饰
高4.5、宽3.8、厚0.3厘米。

Подвеска с изображением цветка, бронза.
Высота 4,5 см, ширина 3,8 см, толщина 0,3 см.

2. 新戈尔杰耶夫斯科耶村落址
Новогордеевское селище

铜饰件
直径1.5厘米。

Декоративная накладка, бронза.
Диаметр 1,5 см.

铜铃
高2.7、宽3、厚2厘米。

Бубенчик, бронза.
Высота 2,7 см, ширина 3 см, толщина 2 см.

—

铜带饰
长1.1、宽0.6、厚0.2厘米。

Наременная накладка, бронза.
Длина 1,1 см, ширина 0,6 см, толщина 0,2 см.

铜带环
长1.8、宽1、厚0.2厘米。

Наременная обоймица, бронза
Длина 1,8 см, ширина 1 см, толщина 0,2 см.

骨纽扣

长2.3、宽1.9、厚0.2厘米。

Пуговица, кость.

Длина 2,3 см, ширина 1,9 см, толщина 0,2 см.

施纹骨板残片

残长5.4、宽1.4、厚0.3厘米。

Пластина-накладка с орнаментом, фрагмент, кость.

Длина 5,4 см, ширина 1,4 см, толщина 0,3 см.

施纹骨板残片

残长11.2、宽6.7、厚0.9厘米。

Пластина с орнаментом, фрагмент, кость.

Длина11,2 см, ширина 6,7 см, толщина 0,9 см.

骨纽扣
长7.4厘米，直径0.9厘米。

Пуговица, кость.
Длина 7,4 см, диаметр 0,9 см.

骨马镳
长9.3、宽0.6~1.1、厚0.3厘米。

Псалий, кость.
Длина 9,3 см, ширина 0,6 – 1,1 см, толщина 0,3 см.

货贝饰件
长2.1、宽1.6、厚0.8厘米。

Украшение из раковины-каури.
Длина 2,1 см, ширина 1,6 см, толщина 0,8 см.

骨饰件
长2.5、宽1.2、厚0.3～0.9厘米。

Подвеска, кость.
Длина 2,5 см, ширина 1,2 см,
толщина 0,3 – 0,9 см.

熊牙坠饰
长8.1厘米。

Подвеска из клыка медведя.
Длина 8,1 см.

二、墓地 Погребения

1. 罗希诺墓地
Рощинский могильник

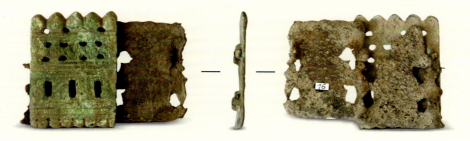

铜带饰
长5.2、宽4.25、厚0.5厘米。

Поясная бляха, бронза.
Длина 5,2 см, ширина 4,25 см, толщина 0,5 см.

铜带饰
长5.2、宽3.3、厚0.4厘米。

Поясная бляха, бронза.
Длина 5,2 см, ширина 3,3 см, толщина 0,4 см.

铜带饰
长5.4、宽3.9、厚0.5厘米。

Поясная бляха, бронза.
Длина 5,4 см, ширина 3,9 см, толщина 0,5 см.

铜带饰
长4.65、宽3.65、厚0.4厘米。

Поясная бляха, бронза.
Длина 4,65 см, ширина 3,65 см, толщина 0,4 см.

铜带饰
长4.9、宽3.85、厚0.45厘米。

Поясная бляха, бронза.
Длина 4,9 см, ширина 3,85 см, толщина 0,45 см.

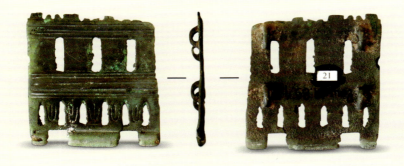

铜带饰
长4.45、宽4.3、厚0.4厘米。

Поясная бляха, бронза.
Длина 4,45 см, ширина 4,3 см, толщина 0,4 см.

铜带饰

长2.8～3.3、宽2.2～2.9厘米。

Поясная бляха с бубенчиками, бронза.
Длина 2,8 – 3,3 см, ширина 2,2 – 2,9 см.

2．彼得罗夫卡墓地

Могильник петровка

遗存性质未能确定，因为在考古工作者考察前已遭破坏，根据采集遗物推断，多半是一处墓地。

Характер памятника не установлен, так как он был разрушен до того, как его осмотрели археологи. Суда по собранным предметам, скорее всего, это был могильник.

铜带銙

长3、宽2.6、厚0.2厘米，透孔长2、宽0.7厘米。

Поясная накладка, бронза.

Длина 3 см, ширина 2,6 см, толщина 0,2 см, длина прорези 2 см, ширина 0,7 см.

铜带銙

长2.9、宽1.9、厚0.6厘米。

Поясная накладка, бронза.

Длина 2,9 см, ширина 1,9 см, толщина 0,6 см.

铜项圈
直径14.5、厚0.7厘米。

Гривна, бронза.
Диаметр 14,5 см, толщина 0,7 см.

石耳珰
直径3.1、厚0.4厘米，孔径0.5厘米。

Диск, деталь серьги , камень.
Диаметр 3,1 см, толщина 0,4 см, диаметр отверстия 0,5 см.

三、城址 Городища

1. 奥罗夫斯科耶城址
Ауровское городище

陶罐
口径12.4、高15.6、腹径14、底径8.9厘米。

Сосуд, керамика.
Диаметр венчика 12,4 см, высота 15,6 см, диаметр тулова 14 см, диаметр дна 8,9 см.

2. 科克沙罗夫卡1号城址
Городище Кокшаровка-1

陶罐
口径12.3、残高12、腹径18厘米。

Горшок, керамика.
Диаметр венчика 12,3 см, высота фрагмента 12 см, диаметр тулова 18 см.

陶罐
口径18、残高16.5、腹径21.7厘米。

Горшок, керамика.
Диаметр венчика 18 см, высота фрагмента 16,5 см,
диаметр тулова 21,7 см.

陶罐
口径9.5、高18.6、腹径21、底径7.3厘米。

Вазовидный сосуд, керамика.
Диаметр венчика 9,5 см, высота 18,6 см,
диаметр тулова 21 см, диаметр дна 7,3 см.

陶罐
口径9、高18、腹径21、底径7.5厘米。

Сферический сосуд, керамика.
Диаметр устья 9 см, высота 18 см, диаметр тулова 21 см, диаметр дна 7,5 см.

双耳陶罐
口径14、高11、腹径17.3、底径7.1厘米。

Горшок с ленточными ручками, керамика.
Диаметр устья 14 см, высота 11 см, диаметр тулова 17,3 см, диаметр дна 7,1 см.

陶罐
高8.2、底径11.5厘米。

Сосуд с дольчатым туловом, керамика.
Высота 8,2 см, диаметр дна 11,5 см.

陶罐
口径10.3、高13、腹径22、底径10厘米。

Вазовидный сосуд, керамика.
Диаметр венчика 10,3 см, высота 13 см, диаметр тулова 22 см,
диаметр дна 10 см.

俄罗斯滨海边疆区渤海文物集粹

双耳陶罐
口径17.5、高16、腹径21.5、底径12.5厘米。

Горшок с ленточными ручками, керамика.
Диаметр венчика 17,5 см, высота 16 см, диаметр тулова 21,5 см, диаметр дна 12,5 см.

陶罐
高17.2、底径10.9厘米。

Горшок, керамика.
Высота 17,2 см, диаметр дна 10,9 см.

陶罐

口径10、高14.5、腹径16.5、底径9.2厘米。

Вазовидный сосуд.

Диаметр венчика 10 см, высота 14,5 см, диаметр тулова 16,5 см, диаметр дна 9,2 см.

陶罐

残高约15.2、腹径21厘米。

Горшок, керамика.

Высота 15,2 см, диаметр тулова 21 см.

陶罐
口径8.8、高8、腹径12、底径6厘米。

Горшок, керамика.
Диаметр венчика 8,8 см, высота 8 см, диаметр тулова 12 см, диаметр дна 6 см.

陶罐

口径11、高4.6、腹径11.4、底径5厘米。

Горшок, керамика.

Диаметр венчика 11 см, высота 4,6 см, диаметр тулова 11,4 см, диаметр дна 5 см.

陶罐

口径12、高5.2、腹径12.5、底径5.5厘米。

Горшок, керамика.

Диаметр венчика 12 см, высота 5,2 см, диаметр тулова 12,5 см, диаметр дна 5,5 см.

陶壶
口径9、高34、腹径23.5、底径11厘米。

Кувшин, керамика.
Диаметр венчика 9 см, высота 34 см, диаметр
тулова 23,5 см, диаметр дна 11 см.

陶壶
口径24、高68、
腹径47、底径15.2厘米。

Кувшин, керамика.
Диаметр венчика 24 см, высота 68 см,
диаметр тулова 47 см, диаметр дна 15,2 см.

塔形器
残高40、最大直径28、最小直径14厘米。

Подставка для сосуда, керамика.
Высота фрагмента 40 см, наибольший диаметр 28 см,
наименьший диаметр 14 см.

俄罗斯滨海边疆区渤海文物集粹

塔形器
残高73.5、最大直径35、最小直径10厘米。

Подставка для сосуда, керамика.
Высота фрагмента 73,5 см, наибольший диаметр 35 см, наименьший диаметр 10 см.

塔形器

高61.5、最大直径32.5、最小直径11厘米。

Подставка для сосуда, керамика.

Высота 61,5 см, наибольший диаметр 32,5 см, наименьший диаметр 11 см.

塔形器

残高62.5、最大直径31、最小直径10厘米。

Подставка для сосуда, керамика.

Высота фрагмента 62,5 см, наибольший диаметр 31 см, наименьший диаметр 10 см.

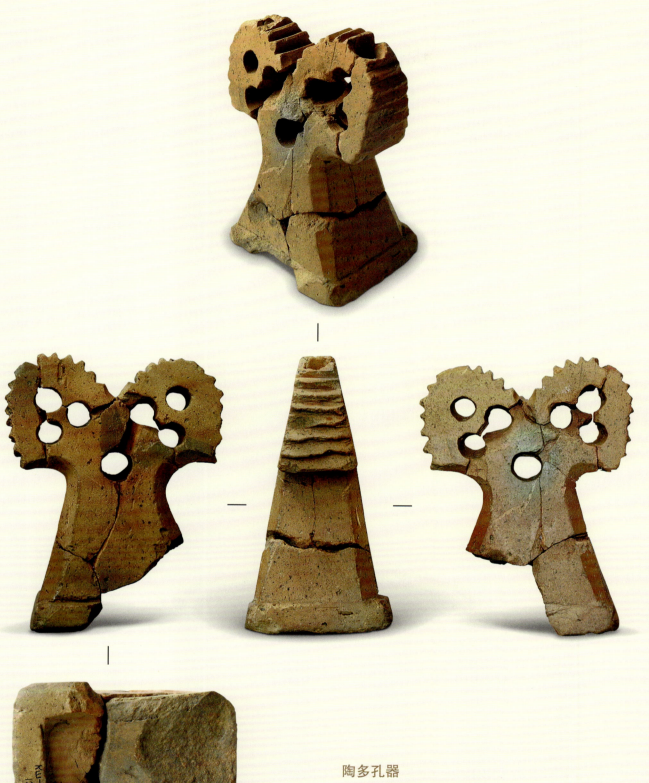

陶多孔器
宽13.5、高18.5、厚9.5厘米。

Подставка (?), керамика.
Ширина 13,5 см, высота 18,5 см, толщина 9,5 см.

刻划纹陶片

残长4.2、残宽3厘米。

Фрагмент сосуда с прочерченным знаком, керамика.

Длина 4,2 см, ширина 3 см.

陶饼（器盖）

直径7.3、厚0.6厘米。

Диск (крышка?), керамика.

Диаметр 7,3 см, толщина 0,6 см.

舞者纹陶片

残高11.9、残宽6.7、壁厚1.1厘米。

Фрагмент стенки сосуда с орнаментом в виде пляшущих человечков, керамика.
Высота 11,9 см, ширина 6,7 см, толщина 1,1 см.

舞者纹陶片

残高7.2、残宽15、壁厚1.3厘米。

Фрагмент стенки сосуда с орнаментом в виде пляшущих человечков, керамика.
Высота 7,2 см, ширина 15 см, толщина 1,3 см.

瓷碗口沿残片

残高7.1、残长5.5厘米。

Фрагмент фарфоровой чаши.

Высота 7,1 см, ширина 5,5 см.

瓷碗底残片

残高7.2、残长7.7厘米。

Фрагмент фарфоровой чаши.

Высота 7,2 см, ширина 7,7 см.

越窑执壶残件

口径6.4、高18、
腹径10、底径6.5厘米。

Кувшин сорта юэяо, керамика, глазурь.

Диаметр венчика 6,4 см, высота 18 см,
диаметр тулова 10 см, диаметр дна 6,5 см.

一

石环残片

残长2、宽0.7、厚0.2~0.3厘米。

Фрагмент кольца, камень.

Длина 2 см, ширина 0,7 см,
толщина 0,2 – 0,3 см.

|

铜镯残片

残长5、宽1、厚0.2~0.3厘米。

Фрагмент браслета, бронза.

Длина 5 см, ширина 1 см, толщина 0,2 – 0,3 см.

铁镞

长6.5、宽0.5~0.9、厚0.3厘米。

Наконечник стрелы, железо.
Длина 6,5 см, ширина 0,5 – 0,9 см,
толщина 0,3 см.

铁镞

长8.5、宽1.4、厚0.7厘米。

Наконечник стрелы, железо.
Длина 8,5 см, ширина 1,4 см,
толщина 0,7 см.

铁扒锔
高2.5、长4.5厘米。

Скоба, железо.
Высота 2,5 см, длина 4,5 см.

铁扒锔
高5、长6厘米。

Скоба, железо.
Высота5 см, длина 6 см.

铁扒锔
高4、长8厘米。

Скоба, железо.
Высота 4 см, длина 8 см.

3．尼古拉耶夫斯科耶1号城址
Городище Николаевское-1

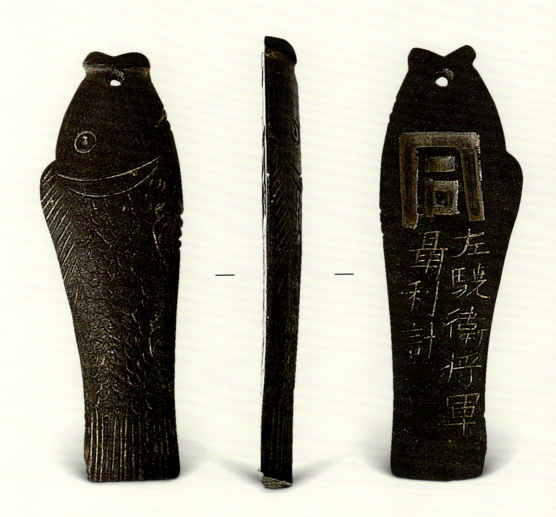

鱼形铜信符

长5.6、宽1.8、厚 0.5、孔径 0.1厘米。

铭文：左骁衞將軍聶利計。

Верительная бирка в форме рыбки с надписью «左骁衞將軍聶利計» (Полководец Левой доблестной гвардии Нелицзи), бронза.

Длина 5,6 см, ширина 1,8 см, толщина 0,5 см, диаметр отверстия 0,1 см.